Florian Heder

Smart Contracts als Webservice

Florian Heder

Smart Contracts als Webservice

Die Ideale Blockchain gibt es nicht

Lehrbuchverlag

Imprint
Any brand names and product names mentioned in this book are subject to trademark, brand or patent protection and are trademarks or registered trademarks of their respective holders. The use of brand names, product names, common names, trade names, product descriptions etc. even without a particular marking in this work is in no way to be construed to mean that such names may be regarded as unrestricted in respect of trademark and brand protection legislation and could thus be used by anyone.

Cover image: www.ingimage.com

Publisher:
Der Lehrbuchverlag
is a trademark of
International Book Market Service Ltd., member of OmniScriptum Publishing Group
17 Meldrum Street, Beau Bassin 71504, Mauritius

Printed at: see last page
ISBN: 978-620-0-27308-6

Smart Contracts als Web Service

Florian Heder, MSc

Kurzfassung

Smart Contracts sind Computerprogramme die in eine Blockchain gespeichert werden. Das zentrale Thema dieser Arbeit ist die Frage nach der idealen Anbindung eines Smart Contracts an ein Webservice.

Die Grundlage dieser Abhandlung bildet eine umfassende Literaturrecherche zu der Thematik Smart Contracts. Zusätzlich geben Interviews von österreichischen Startup Entrepreneurs einen Einblick in die Verwendung von Smart Contracts und deren Schnittstellen zu Webservices.

Aufgrund der großen Auswahl an unterschiedlichen Blockchains, wurde im Zuge dieser Arbeit ein Leitfaden entwickelt um die optimale Blockchain für den jeweiligen Smart Contract Anwendungsfall zu bestimmen.

Mithilfe zweier Artefakte auf Basis von Ethereum, einer Public Blockchain und Hyperledger Fabric, einer Permissioned Blockchain, kann anschaulich dargestellt werden wie ein Webservice an einen Smart Contract angebunden werden kann, ohne auf externe Servicedienstleister angewiesen zu sein.

Schlagworte: Blockchain, Smart Contracts, Webservices, Fabric, Ethereum

Inhaltsverzeichnis

1 Einführung

Smart Contracts, Computerprogramme die in einer Blockchain gespeichert werden, haben in den letzten Jahren große Aufmerksamkeit generiert. (Yli-Huumo et al., 2016, p.22) Wegen der rasanten Weiterentwicklung der Blockchain Technologie und Smart Contracts im Speziellen (Bartoletti & Pompianu, 2017) bedarf es einer wissenschaftlichen Analyse des aktuellen Stands der Technik.

Da Smart Contracts deterministische Programme sind, und daher immer den gleichen Output bei identem Input liefern, ist eine direkte Anbindung an Webservices nicht möglich (Bartoletti & Pompianu, 2017, p.502). Webservice Anwendungen erlangen allerdings einen immer größer werdenden Stellenwert(Bachlechner et al., 2006, p.1), weshalb es einer praktikablen Lösung zur Verwendung von Schnittstellen zwischen Smart Contracts und Webservices bedarf.

Das Research Team um Yli-Hummo erwähnt in ihrer systematischen Analyse von 41 Publikationen aus dem Jahr 2016, dass unter anderem zwei große Forschungslücken im Bezug auf Smart Contracts vorhanden sind: Die Usability zur Erstellung von Smart Contracts aus Programmierersicht und die Verwendung von Blockchains abseits der Kryptowährung Bitcoin. (Yli-Huumo et al., 2016, p.21) Beide Forschungslücken werden mithilfe dieser Master Thesis aufgearbeitet.

Die Arbeit setzt sich zum Ziel die Frage zu beantworten, auf welche Art und Weise Webservices ideal an Smart Contracts angebunden werden können.

Um eine ideale Schnittstelle zu finden müssen vorweg vier Fragen geklärt werden:

- Welche Blockchain Technologie eignet sich optimal als Basis für Smart Contracts als Webservice?
- Welche Einschränkungen gibt es bei der Nutzung von Smart Contracts und im Speziellen bei der Anbindung eines externen Services an ein Smart Contract Service?
- Weshalb verwenden Start-up GründerInnen Smart Contracts und spielen Webservices in deren Anwendungsfällen eine zentrale Rolle?
- Wie ist ein Smart Contract Service mit externen Daten Input und Output implementierbar?

Smart Contract Blockchain Technologie Eine ideale Blockchain ist daher eine elementare Voraussetzung um effizient Smart Contracts zu erstellen und darauf aufbauend, auf sichere Art und Weise, Web Services anbinden zu können.

Um eine ideale Schnittstelle in Bezug auf Webservices beschreiben zu können, ist es wesentlich allgemeine und spezielle Einschränkungen in diesem Zusammenhang abzuklären.

Anhand der Aussagen österreichischer Start Up Entrepreneurs werden die Anwendungsfälle für Smart Contracts vorgestellt und die Gründe für den Einsatz von Smart Contracts und der Blockchain Technologie untersucht. Mittels dieser Methodik wird die Stellung von Smart Contracts für Entrepreneurs beleuchtet. Man kann hierbei erkennen, ob Schnittstellen zu externen Services für aktuelle Anwendungsfälle von besonderer Bedeutung sind.

Die geführten Interviews liefern die Grundlage für die Legitimität der vorangehenden Forschungsfrage. Die Ergebnisse entscheiden, ob die gestellte Forschungsfrage praxisrelevant ist oder ob es sich hierbei lediglich um eine rein akademische Auseinandersetzung handelt.

Des Weiteren soll die praktische Implementierung einer Smart Contract Anwendung als Best Practice Beispiel dargestellt werden. Dies beinhaltet sowohl den Import von Daten eines externen Services als auch den Export von Daten an ein Webservice.

1.1 Die Funktionsweise der Public Blockchain

Blockchains stellen die Grundlage jedes Smart Contracts dar. Unter einer Blockchain wird im Allgemeinen Folgendes verstanden:

Eine Blockchain entspricht einem Notizbuch das dezentral gespeichert und öffentlich einsehbar ist. Sämtliche Transaktionen von und zu Personen werden auf diesem Notizbuch gespeichert. Auf diesem Notizbuch befinden sich daher sämtliche getätigten Ein- und Ausgänge. Diese Transaktionen werden zu Blöcken zusammengefasst und in einem Hash-Baum aneinandergereiht. Jeder dieser Blöcke beinhaltet den Hash-Wert des Elternelements.(Narayanan et al., 2016) Mittels diesem speziellen Graphen können sämtliche Blöcke bis zum Ursprungsblock zurückverfolgt werden, womit Datenmanipulation in dem gesamten Hash Baum vermieden werden kann.(Chuen, 2015) Um die handelnden Akteure zu identifizieren werden sämtliche Transaktionen mittels Hash Werten aus dem Public-/Private Key Verschlüsselungsverfahren signiert. (Chuen, 2015)

Da es sich hierbei um ein dezentrales Notizbuch handelt, benötigt es zusätzliche Akteure, welche die Daten verarbeiten und auch speichern. Diese werden Miner genannt.

Miner erstellen neue Blocks mit den beinhaltenden Transaktionen und fügen diese Blocks der Blockchain hinzu. Um eine funktionierende dezentrale Blockchain zu gewährleisten, müssen sämtliche Transaktionen in der Blockchain öffentlich einsehbar und der öffentliche Zugang für Miner gewährleistet sein. (Chuen, 2015)

Miner müssen sich auf die beinhaltenden Transaktionen und deren Reihenfolge einigen, in der diese im neuen Block angeführt sind. Wird kein Konsens erreicht, wird die Blockchain aufgespalten, oder geforkt. Es entsteht somit ein weiterer Ast und die Transaktionen der Blockchain verlaufen nicht mehr in einer eindeutigen Reihenfolge. Solange dieser Missstand nicht aufgelöst, wird ist diese Blockchain nicht mehr zuverlässig. Um dieses Problem zu lösen benötigt es einen verteilten Konsensmechanismus der jeder Blockchain immanent ist. (Greenspan, 2015)

Im Idealfall würden alle Miner über die getätigten Transaktionen im neu zu erstellenden Block demokratisch abstimmen und die Mehrheit würde über die Zusammensetzung des Blocks entscheiden. Da eine Blockchain aber öffentlich zugänglich ist, könnte eine einzelne Person mehrere Identitäten gründen und dem Netzwerk somit in multipler Form beitreten. Ein Individuum könnte daher so viele Identitäten erstellen bis die Stimmenmehrheit des Netzwerks bei dieser einen Person liegt und das Netzwerk kompromittiert ist. Ein derartiges Vorgehen wird als 'Sybil Attack' beschrieben. (Douceur, 2002)

Um eine Sybil Attack zu unterbinden, muss das Erstellen neuer Identitäten erschwert werden. Die Kryptowährung Bitcoin umgeht beispielsweise das Problem, indem es das Mining rechnerisch teuer macht. Es nutzt die physikalische Rechnerkapazität als Barriere, sodass keine beliebig neuen Entitäten erstellt werden können. (Christidis & Devetsikiotis, 2016)

Jeder Miner kann einen Block zur Blockchain hinzufügen, wenn er eine bestimmte Zufallszahl berechnet. Der Block wird mittels SHA256 Algorithmus verschlüsselt und muss inklusive der Zufallszahl mit einer definierten Anzahl an Nullen beginnen. Die Länge der führenden Nullen des SHA256 Schlüssels definiert die Schwierigkeit der zu berechnenden Zufallszahl.(Antonopoulos, 2014) Es gibt keine Möglichkeit die SHA256 Ausgangswerte auszurechnen, daher muss die errechnete Zufallszahl vorweg ausprobiert werden um eine Hash Zahl zu finden, die die gewünschte Eigenschaft besitzt. Im Gegensatz dazu ist die Überprüfung der Zahl ohne Rechenaufwand möglich, da es sich bei SHA256 um eine One Way Crpytogrphic Function handelt.(Chuen, 2015) Dadurch ist es schwer einen neuen Block zu finden, aber sehr leicht diesen zu verifizieren.

Ein Bitcoin Block wird durchschnittlich alle zehn Minuten neu erstellt. Um das regelmäßige Generieren von Blocks in der gleichen Zeitspanne aufrecht erhalten zu können, muss der Schwierigkeitsgrad des Berechnen eines Blocks kontinuierlich an die Anzahl und Rechenkapazität der Miner angepasst werden. (Antonopoulos, 2014)

Werden zehn Minuten für das Erstellen eines Blocks unterschritten, wird die gesuchte Hash Zahl um eine Null erhöht. Benötigt das Erstellen eines neuen Blocks länger, wird das Berechnen der gesuchten Hash Zahl vereinfacht. (Narayanan et al., 2016) Die Evaluierung, ob es zu einer Vereinfachung oder einer Erhöhung des Schwierigkeitsgrades zum Berechnen eines Blocks kommt, wird alle zwei Wochen bzw. alle 2016 Blöcke vorgenommen.(O'Dwyer & Malone, 2014)

Derjenige Miner, der das gesuchte Ergebnis für einen Block als schnellster errechnen kann, hat den so genannten proof-of-work (PoW) generiert und ist berechtigt den nächsten Block zu definieren.(Nakamoto, 2008)

Trotzdem können Forks in der Blockchain entstehen, wenn zwei Minier beinahe simultan Blöcke minen. Derartige Forks werden automatisch beim nächsten Block bereinigt, da der PoW-Mechanismus Minern diktiert, dass der zu erhaltende Fork derjenige ist, der die meiste Rechenarbeit beinhaltet. (Christidis & Devetsikiotis, 2016) Daher ist immer dem Fork mit mehr Blöcken der Vorzug zu geben.

Neben PoW auf SHA256 Basis, gibt es weitere Kryptowährungen mit alternativen Hashing Algorithmen wie 'Blake-256' oder 'Skrypt', welches in Litecoin verwendet wird.(Christidis & Devetsikiotis, 2016)

Weitere Konsensmechanismen, abseits von PoW, werden von Tschorsch und Scheurmann ausführlich evaluiert.(Tschorsch & Scheuermann, 2016)

1.2 Einsatzbereiche der Blockchain

Alternative Kryptowährungen und andere Produkte auf Basis der Blockchain, sind über Kryptowährungsplattformen erwerbbar. Anhand statistischer Methoden und der Transparenz von Public Blokchains, kann gut eruiert werden was mit den erworbenen Kapital in Form von Münzen geschieht. Überraschenderweise wird mit einem Großteil des Kapitals nicht gearbeitet, sondern die Münzen liegen nach dem Erwerb weiterhin in den elektronischen Wallets.(Ron & Shamir, 2013) Aus diesem Grund und aufgrund der starken Wertsteigerung entwickeln sich Produkte wie Bitcoin zu einem veritablen Spekulationsobjekt.

Die Einsatzmöglichkeiten der Blockchain Technologie gehen aber weit über Bitcoin als Anlagemöglichkeit hinaus. Vitalik Buterin, der Gründer der Blockchain Ethereum, veranschaulicht den entscheidenden Vorteil einer Blockchain:

> Whereas most technologies tend to automate workers on the periphery doing menial tasks, blockchains automate away the center. Instead of putting the taxi driver out of a job, blockchain puts Uber out of a job and lets the taxi drivers work with the customer directly. (*Vitalik Buterin*, 2019)

Die Aussage von Buterin bedeutet, dass die Blockchain das Potential hat den Intermediär als Dienstleistungsanbieter zu ersetzen. Die Blockchain birgt die Möglichkeit Anbieter und Kunden bei der Anbahnung eines Geschäfts direkt zu vernetzten. Wie im oberen Zitat beschrieben, kann mithilfe der Blockchain Technologie Uber ausgehebelt werden, indem Fahrer und Kunden direkt vernetzt werden. Da derartige Intermediäre wie Uber oder ebay mittlerweile milliardenschwere Unternehmen sind ist das Wachstumspotential für Blockchains außerordentlich groß. Um diese Art von Vorteil vollständig nutzbar zu machen, müssen Smart Contracts verwendet werden.

1.3 Der Smart Contract

Bereits in den 90er Jahren des letzten Jahrhunderts wurde die Grundlage für die Implementierung von Smart Contracts ersonnen. Nick Szabo beschrieb 1997 Programme, die ausschließlich dann korrekt und automatisiert ausgeführt werden können, wenn bestimmte abstrakte Bedingungen erfüllt sind. Diese Bedingungen wiederum sind ihrerseits die Garantie dafür, dass auf eine vertrauenswürdige dritte Instanz verzichtet werden kann. Diese Programme definierte er als Smart Contracts, (Szabo, 1997) welche aber außerhalb des Fachgebiets Informatik kaum Beachtung fanden.

Als Satoshi Nakamoto im Jahr 2008 den Bitcoin der Öffentlichkeit präsentierte, wurde ein neues Konzept von Kryptowährung auf Basis der Blockchain implementiert. Mithilfe der Blockchain Technologie konnte eine Währung erzeugt werden, die selbstständig und ohne Intermediäre wie eine Bank funktioniert. Die Sicherstellung von Transaktionen wird, anstatt durch eine zentrale Stelle - wie einer Bank - durch ein kryptographisches Verfahren garantiert. Miner müssen ein proof-of-work - Ein Konsensverfahren (PoW) erstellen, um die Authentizität eines neuen Blocks zu bestätigen. Daher wirkt die Rechenpower der Miner als Währungsgarant und Schutz vor Betrug. (Nakamoto, 2008)

Obowhl Bitcoin als Währung und Zahlungsmöglichkeit konzipiert wurde, wurde hiermit die Möglichkeit geschaffen Smart Contracts in einem dezentralen System zu implementieren.(Luu et al., 2016) Erst durch das Speichern in die Blockchain konnten Smart Contracts praxistauglich gemacht werden. Mittels Blockchain ist es nun möglich einen festgelegten Code öffentlich abzuspeichern und auszuführen. Hierdurch können Regelwerke transparent implementiert werden, ohne Änderungsmöglichkeiten durch Dritte zuzulassen.(Bigi et al., 2015)

Mittels Smart Contracts können ausgeklügelte Regelabfolgen, bis hin zu gesamten Organisationseinheiten wie DAOs (Dezentrale Autonome Organisationen) gebaut werden.(Voshmgir, 2016) Da Regelwerke von Smart Contracts auf einer Blockchain basieren, welche mehrere Akteure beinhaltet, muss das Ergebnis aller Nodes, auf deren Grundlage die Blockchain berechnet wird, identisch sein.(Zhang et al., 2016)

2 Methodik

Anhand der bearbeiteten Fragestellungen, die in Kapitel 1 erläutert werden, können mittels validierter und geeigneter Methoden Erkenntnisse generiert und dokumentiert werden.

Folgende drei Methoden haben sich als geeignet erwiesen um die ausgehenden Fragen zu beantworten:

- Literatur Recherche
- Experteninterviews
- Entwicklung eines Artefakts

2.1 Literaturrecherche

Welche Technologie sich als Basis für Smart Contracts optimal eignet, kann mittels einer Literaturrecherche dargestellt werden.

Den Ausgang nimmt die hier behandelte Literaturrecherche bei der Publikation von Satisho Nakamoto (2008). Diese Publikation über den PoW-Konsensmechanismus aus dem Jahr 2008 und die zeitgleiche Einführung der Kryptowährung Bitcoin, waren die initialen Anstöße, die zur aktuellen Ausformung der Blockchain Technologie und somit auch Smart Contracts führten. (Nakamoto, 2008) Es gab zwar bereits in den 90er Jahren des vorigen Jahrhunderts Publikationen zu Hash Bäumen, die Dokumente absichern und eindeutig zuordnen können, wie Haber & Stornetta (1990) zeigen.(Haber & Stornetta, 1990) Die Publikation von Nakamoto unterscheidet sich allerdings zu den Vorgängerpublikationen darin, dass seine Blockchain keinen Intermediär benötigt (Narayanan et al., 2016) und ein Anwendungskonzept gezeigt wird, das weit über die herkömmliche Dokumentensicherheit hinausgeht. Aus diesem Grund eignet sich für die Literaturrecherche eine vorwärtsgerichtete Suche, ausgehend von der Arbeit von Satisho Nakamato (Nakamoto, 2008). Dieses Vorgehen führt dazu, dass ausschließlich aktuelle Publikationen der letzten zehn Jahre analysiert werden.

Bei der Literaturrecherche werden folgende Datenbanken verwendet:

- Google Scholar
- SpringerLink
- JSTOR
- Statista Website

Da die Anbindung von Web Services an Smart Contracts im Zentrum dieser wissenschaftlichen Auseinandersetzung steht, wird in Kapitel 3.1.5 anhand der durchgeführten Literaturrecherche erörtert, welche Herausforderungen mit dieser Thematik verknüpft sind und ob einheitliche Lösungsansätze zur Verfügung stehen.

2.2 Experteninterviews

Interviews von österreichischen Start Up Gründerinnen und Gründern, die Smart Contracts in ihre Services bereits eingebunden haben oder planen diese in naher Zukunft einzubinden, geben einen guten Einblick darüber, welche Bedeutung Smart Contracts in österreichischen Start Up Unternehmen einnehmen. Mithilfe von systematischen Interviews kann aufgezeigt werden, welche Einsatzmöglichkeiten von Smart Contracts von österreichischen Unternehmerinnen und Unternehmern favorisiert werden und welchen Ansprüchen diese Technologie gerecht werden muss.

Darüber hinaus kann festgestellt werden, ob es überhaupt einen Bedarf an Web Service Anbindungen an Smart Contracts gibt und ob das Thema dieser Arbeit eine praxisrelevante oder eine rein akademische Fragestellung behandelt.

Aufgrund der induktiven Problemstellung und der offenen Fragestellung erscheinen qualitative Interviews bestens geeignet, um verwertbare Ergebnisse zu erhalten, anhand derer systematische Analysenen zur Beantwortung der eingangs gestellten zentralen Fragen durchgeführt werden können. Ziel ist es so viele Unternehmerinnen und Unternehmer zu interviewen bis das Thema erschöpft ist und keine neuen Erkenntnisse durch zusätzliche Interviews gewonnen werden können.

Die Auswahl der Interviewpartnerinnen und Interviewpartner ist entscheidend für die Ergebnisqualität. Daher wurden in einem ersten Schritt geeignete Entrepreneurs für die Durchführung der Interviews ausgewählt, die für jeweils unterschiedliche Zwecke planen Smart Contracts einzusetzen. Zusätzlich wurde das RIAT Institut in Wien kontaktiert um Empfehlungen für weitere geeignete Interviewpartnerinnen und Interviewpartner zu erhalten.

Obwohl die Anzahl der Interviewpartnerinnen und Interviewpartner bei einem qualitativen Forschungsansatz für statistische Tests zu klein ist, geben die geführten Interviews einen guten Einblick über die vielfältigen Einsatzmöglichkeiten von Smart Contracts in der Arbeitsrealität österreichischer Unternehmerinnen und Unternehmer und zeigen hierbei die unterschiedlichen praktischen Herausforderungen von Smart Contracts auf.

Um semistrukturierte Interviews führen zu können, ist die Anwendung eines Interviewleitfadens zur Orientierung während der einzelnen Gespräche notwendig. Sämtliche Expertinnen und Experteninterviews werden aufgenommen und im Anschluss transkribiert. Der Leitfaden befindet sich im Anhang A des Apdixpendix.

Um die thematisierten Bereiche in komprimierter Form darzustellen werden die Interviews anhand von Einzelfallbeschreibungen in Kaptiel 4.2 beschrieben.

Die Auswertung der geführten Interviews erfolgt in drei Phasen.

- Phase I: Kodierung
- Phase II: Kategorisierung
- Phase III: Zusammenfassung

In Phase I werden die transkribierten Inhalte kodiert. Sofern sich eine im Zuge eines Interviews getätigte Äußerung in der Literaturrecherche widerspiegelt, wird der getätigte Begriff hervorgehoben und notiert. Für alle derartigen Auffälligkeiten im Interview wird ein neuer Code erstellt. In Phase II werden Kategorien gebildet, welche mehrere Codes zusammenfassen. Mithilfe dieser Kategorien werden Verknüpfungen erstellt, wie sich bestimmte Begrifflichkeiten durch verschiedene Interviews ziehen.

Schließlich werden anhand der erstellten Hauptkategorien sämtliche Inhalte mit den aus der Fachliteratur erarbeiteten Ergebnissen abgeglichen und in der finalen Phase III zusammengefasst. Die Ergebnisse dieser Methodik spiegeln sich in Kapitel 4.3 wider.

2.3 Entwicklung eines Artefakts

Die Tatsache, dass Samrt Contracts deterministische Programme sind(Christidis & Devetsikiotis, 2016, p.2297), führt dazu dass es Herausforderungen bei der Anbindung von Smart Contracts an Webservices gibt. Diese Herausforderungen und mögliche Weitere werden in der Literaturrecherche in Kapitel 3.1 thematisiert.

Um diesen Herausforderungen zu entgegnen ist es eine Zielsetzung dieser Arbeit die unterschiedlichen Anbindungen zu Smart Contracts und Webservices zu beschreiben und eine Best Practice Lösung aufzuzeigen.

Auf Grundlage der Interviewergebnisse und der Erkenntnisse, die anhand der Literaturrecherche gewonnen werden, wird mittels Prototyping-Verfahren eine Schnittstelle zu einem Smart Contract erstellt, welche ohne den Zugriff auf externe Services wie oraclize.it(Oraclize, 2019) auskommt. Diese Schnittstelle liefert push und pull Requests an die Ethereum Blockchain. Als Erweiterung zu dem erstellten Artefakt werden zusätzlich komplexere Einsatzgebiete von Smart Contracts in Kapitel 5.6.2 analysiert.

Die Vor- und Nachteile der Schnittstelle zu einer Public Blockchain werden anhand der erstellten Software schließlich in Kapitel 5.6.1 aufgezeigt und analysiert.

Da die hierdurch erzielbaren Ergebnisse keine Rückschlüsse auf eine Permissioned Blockchain zulassen, wird ein neuer Designzyklus gestartet, um einen alternativen Weg aufzuzeigen. Es wird anhand eines weiteren Programms aufgezeigt, wie auf einen Smart Contract einer Permissioned Blockchain über ein Webservice zugegriffen werden kann. Die hierfür notwendige alternative Vorgehensweise wird auf Basis von Hyperledger und Fabric in Kapitel 5.7.1 beschrieben.

Die Einsatzgebiete von Schnittstellen zu Blockchains sind vielfältig einsetzbar. Die von mir erstellten Artefakt sind daher so allgemein wie möglich definiert und umfänglich erweiterbar.

3 Literaturrecherche

Die Blockchain Technologie ist heutzutage in aller Munde. Seit der Einführung von Bitcoin im Jahre 2008 gibt es eine stetig steigende Berichterstattung in sämtlichen Medien, zudem verspricht man sich großes Potential von der neuen Technologie.(Yli-Huumo et al., 2016) Die Aufmerksamkeit liegt nicht ausschließlich bei Bitcoin, sondern erstreckt sich über das gesamte Feld der Blockchain Technologie. Yli-Huumo et al. (2016) beobachteten in ihrer Publikation einen starke Fokussierung auf Smart Contracts und eine erhöhte Aufmerksamkeit einhergehend in der Berichterstattung.(Yli-Huumo et al., 2016) Aufgrund der rasanten Entwicklung der Blockchain Technologie und der damit in Verbindung stehenden Anwendungen, bestätigen Bartoletti (2017) und Voshmgir (2016), dass der aktuellen Status, aufgrund der raschen Weiterentwicklung, schwer zu erfassen ist. (Voshmgir, 2016) (Bartoletti & Pompianu, 2017) Dementsprechend werden in immer kürzeren Abständen Berichte über Blockchain und Smart Contracts publiziert.

Wie in der linken Grafik in Abbildung 1 ersichtlich ist, werden von Jahr zu Jahr mehr Kryptowährungen eingeführt. Die Grafik auf der rechten Seite in Abbildung 1 zeigt deutlich, dass die auf Blockchain basierenden Projekte im Laufe der letzten Jahre geradezu explodiert sind. (Bartoletti & Pompianu, 2017)

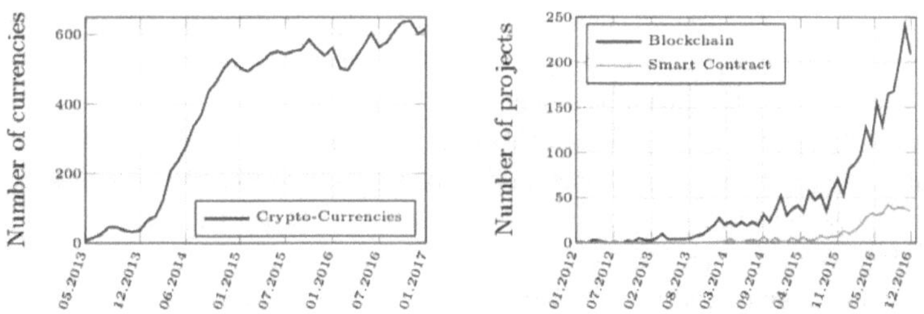

Abbildung 1: links: Wachstum von Kryptowährungen. rechts: Anzahl von Blockchainprojekten (Bartoletti & Pompianu, 2017)

Um einen Überblick über den aktuellen Forschungsstand zu erhalten, werden wesentliche und viel zitierte Publikationen der letzten Jahre gegenübergestellt. Um aus den unterschiedlichen Meinungen, Erklärungen und Ergebnisse der bisherigen VerfasserInnen von Publikationen zu dieser Thematik einen roten Faden zu gewinnen, werden diese gebündelt dargestellt und zusammengefasst.

3.1 Herausforderungen für Blockchain und Smart Contracts

Als neue Technologie ist die Blockchain noch nicht vollständig ausgereift, sondern befindet sich, trotz ihrer Popularität und dem Hype um Bitcoin, nach wie vor in einem Anfangsstadium. Anhand der Publikationen der letzten Jahre, kann ein zusätzlicher Forschungsbedarf gut abgeleitet werden.

In den analysierten Publikationen werden fünf Themenbereiche der Blockchain Technologie gehäuft diskutiert. Dies veranschaulicht, dass folgende Themengebiete ein großes Forschungspotential beinhalten:

- Skalierbarkeit
- Ökologie
- Anonymität und Datenschutz
- Sicherheitsaspekte
- Determinismus

Auf die Ergebnisse der Literaturrecherche wird in dieser Arbeit in der zuvor aufgezeigten Reihenfolge eingegangen.

3.1.1 Skalierbarkeit

Der Blockchain Technologie wird nachgesagt, dass sie aufgrund der immanenten Skalierungshindernisse großen Anwendungen mit vielfachen Transaktionen nicht gewachsen sei.(Vukolić, 2015, p.112) Auch Buterin (2014) bezeichnet in diesem Zusammenhang die Skalierbarkeit als große Herausforderung für die Blockchain Technologie. (Buterin et al., 2014, p.33)

Wie in Kapitel 1.1 beschrieben, benötigt der Konsensmechanismus von Bitcoin ca. zehn Minuten um einen neuen Block in die Blockchain zu schreiben. Vukolic (2015) kritisiert diese große Latenz anhand einer Analyse verschiedener Blockchains, wobei er die benötigte Zeitspanne zur Generierung eines neuen Bitcoin Blocks als zu lange wertet. Dies wertet er somit als als Skalierungshindernis für PoW Konsensmechanismen, wie sie bei Bitcoin in Verwendung sind. (Vukolić, 2015, p. 119)

Vukolić (2015) zeigt dass Bitcoin mit sieben Transaktionen pro Sekunde an seine Kapazitätsgrenze gelangt. Mit einer Latenz von bis zu einer Stunde (inklusive einer Bestätigung von sechs Blöcken) ist Bitcoin daher für moderne Smart Contract Anwendungen ungeeignet. (Vukolić, 2015, p.113)

Beck (2016) beschreibt, dass das Kreditkartenunternehmen Visa pro Sekunde im Schnitt 4.000 Transaktionen verarbeitet. Ein Visa Stresstest aus dem Jahr 2013 zeigte, dass das Kreditkartennetzwerk einen Maximaldurchsatz von 47.000 Transaktionen pro Sekunde verarbeiten

Tabelle 1: Bitcoin Status im Jahr 2015

Total bitcoins minted	≈ 14 million
US dollar equivalent at market price	≈ 3.5 billion
Total number of reachable Bitcoin nodes %	≈ 6,500
Total (cumulative) number of transactions	≈ 62.5 million
Total number of accounts ever used	≈ 109 million
Block chain size	≈ 30.3 GB
Number of blocks to date	≈ 350,000
Estimated daily transaction volume	≈ 200,000 BTC (≈ USD 50 million)
Average transaction value	≈ 2 BTC (≈ USD500)
Computation invested in puzzle solutions	≈ 4,254 exaflopsc
Power consumption	> 173 MW (continuously)

(Böhme et al., 2015)

kann.(Beck et al., 2016, p.12) Nach Beck (2016) stehen diese Ergebnisse im krassen Gegensatz zu der geringen Transaktionsdichte der Bitcoin Blockchain. Diese Ergebnisse sieht er als Grund, weshalb Bitcoin als globales Zahlungsmittel nicht geeignet ist.(Beck et al., 2016, p.12)

Abgesehen von der Trägheit der Transaktionen, zeigen die Zahlen der Tabelle 1, am Beispiel des Bitcoins, dass Speicherkapazität und Berechnungsvolumen einen sehr großen Umfang aufweisen.

Wie aus Abbildung 2 auf Seite 12 ersichtlich ist, wuchs der Speicherbedarf der Bitcoin Blockchain bereits auf beinahe 200 GB an. Das beschriebene große Wachstum ist in der Abbildung 2 gut ersichtlich. Die Wachstumsrate des Speicherbedarfs liegt laut Böhme (2015) bei ca. 1 MB pro Stunde.(Böhme et al., 2015)

Buterin (2014) errechnet, dass bei einer Transaktionsdichte von Visa, welche er bei ≈ 2.000 Transaktionen pro Sekunde schätzt, die Blockchain um 1 GB pro Stunde, oder in Summe um 8 TB pro Jahr anwachsen würde.(Buterin et al., 2014)

Der große Speicherbedarf einer Blockchain kann auch als Sicherheitsproblem betrachtet werden. Laut Buterin (2014) ist davon auszugehen, dass eine Blockchain welche mehrere dutzend TB schwer ist, aufgrund der technisch aufwendigen Infrastruktur, ausschließlich von einigen wenigen Minern bearbeitet wird. Dies würde zu einer Zentralisierung der Blockchain führen und das Risiko von Absprachen und Manipulation der Blockchain von den übrig gebliebenen Minern erhöhen. (Buterin et al., 2014)

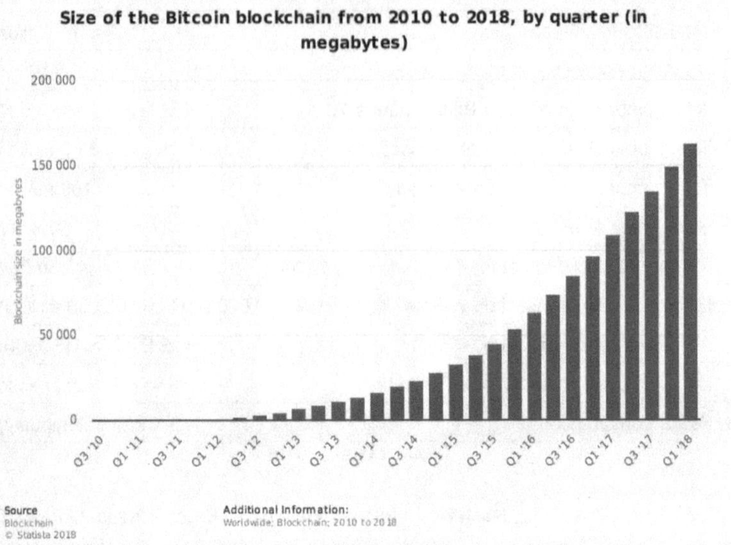

Abbildung 2: Speicherbedarf der Bitcoin Blockchain. (Statista, 2019)

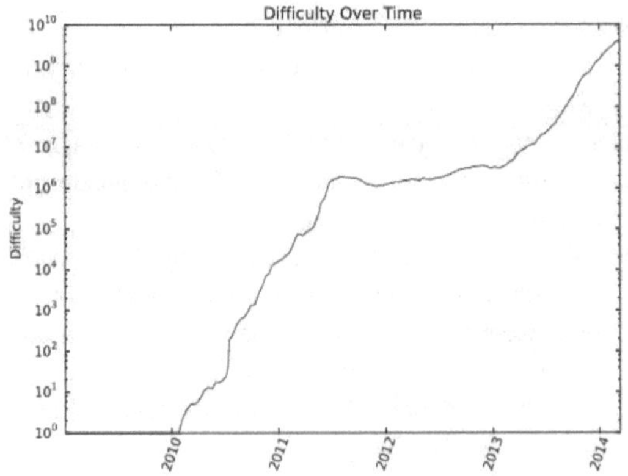

Abbildung 3: Veränderung der Schwierigkeit einen Bitcoin zu minen auf Basis aggregierter Statistik. (O'Dwyer & Malone, 2014, p.2)

3.1.2 Ökologische Folgen

Die Berechnung des PoW Algorithmus verschlingt riesige Mengen an Energie. Wie in Kapitel 1.1 beschrieben, orientiert sich der Schwierigkeitsgrad zur Lösung des PoW an der Anzahl der Miner und deren Rechenkraft, um die benötigte Zeit von zehn Minuten für die Lösung eines Blocks in der Blockchain nicht zu unterschreiten.

Wie in Abbildung 3 auf Seite 12 ersichtlich ist, steigt der Schwierigkeitsgrad im Laufe der Zeit rapide an um einen Bitcoin zu erzeugen.(O'Dwyer & Malone, 2014, p.2)

Als O'Dwyer & Malone im Jahr 2014 die Berechnungen für den Energieaufwand der gesamten Bitcoin Blockchain veröffentlichten, kam es zu einem öffentlichen Widerhall und Protesten. Sie berechneten den jährlichen Gesamtaufwand an Energie zwischen 0.1 und 10 GW. (O'Dwyer & Malone, 2014, p.4) Der Gesamtenergieaufwand für Bitcoin wurde hierbei mit dem Jahresenergieaufwand von Irland gleichgesetzt (O'Dwyer & Malone, 2014, p.2) der auf 3.1 GW geschätzt wird(Schirone & Pellitteri, 2017, p.12).

Die Berechnung konnte mittlerweile exakter nachvollzogen werden und auch die große Schwankungsbreite wurde etwas verkleinert, was aber nichts an der Brisanz der Datenlage ändert. De Vries berechnete im Jahr 2018, dass die aufgewendete Energiemenge in dem Berechnungsjahr zwischen 2.55 GW und 7.67 GW liegt.(De Vries, 2018)

Dieser gewaltige Energieaufwand führt auch dazu, dass entsprechende Mengen CO_2 freigesetzt werden, was keinesfalls einer nachhaltigen Währung entspricht. De Vries (2018) subsumiert daher, dass Bitcoin mit einem großen Problemkomplex zu kämpfen hat, dessen Lösung derzeit nicht absehbar ist(De Vries, 2018) sofern keine verwertbaren Forschungsergebnisse zur Lösung des Ressourcenproblems erzielt werden.

3.1.3 Anonymität in der Blockchain

Obwohl sich Bitcoin als Zahlungsgrundlage im Dark Web etabliert hat und somit als anonymes Zahlungsmittel gilt, (Chertoff & Simon, 2015) ist die Anonymität im Speziellen im Bitcoin Netzwerk eingeschränkt. (Reid & Harrigan, 2013)

Sämtliche Transaktionen einer Blockchain sind öffentlich einsehbar. Bisherige Publikationen zeigen die Schwierigkeit auf, dass Anonymität nur mit größter Anstrengung in Netzwerken, deren Userdaten teilweise öffentlich einsehbar sind, gewahrt werden kann.(Reid & Harrigan, 2013)

Meiklejohn (2013) und technische Mitarbeiterinnen und Mitarbeiter der Bitcoin Community weisen auch ausdrücklich darauf hin, dass Anonymität kein primäres Designziel des Bitcoin Systems ist. (Meiklejohn et al., 2013)

Narayanan und Shmatikov zeigten bereits 2008 wie Anonymisierungen innerhalb eines strukturierten Netzes mit Hilfe von statistischen Methoden aufgehoben werden können. (Narayanan & Shmatikov, 2008)

Die von ihnen erstellte Technik, in der sie aus mehreren Transaktionen auf einzelnen Personen schließen können, haben sie nicht auf Blockchain Netzwerke im Speziellen angewendet.

Aufgrund der allgemeinen Formulierung der Technik ist es aber naheliegend, dass diese Technik auf sämtliche PoW Netzwerke anwendbar ist.

Dorit Ron und Adi Shamir (2013) wiesen schlussendlich auch im Bticoin Netzwerk nach, dass mittels statistischer Methoden Rückschlüsse auf einzelne Personen gezogen werden können. Dieser statistische Rückschluss gelingt ihnen anhand der Historie sämtlicher Transaktionen, die in der Bitcoin Blockchain gespeichert sind.(Ron & Shamir, 2013)

3.1.4 Datenschutz bei Smart Contracts

Die Herausforderungen der Blockchain gelten in gleichem Maße für Smart Contracts, da diese in die Blockchain geschrieben werden. Allerdings gibt es für Smart Contracts noch weitere relevante Fallstricke zu beachten.

Aus der fehlenden Anonymität der Blockchain leitet sich unmittelbar eine datenschutzrechtliche Problematik bei Smart Contracts ab. Sämtliche Daten inklusive Informationen über Vertragsteilnehmerinnen und Vertragsteilnehmer eines Smart Contracts, werden in einer Blockchain öffentlich abgespeichert. (Luu et al., 2015, p.6) (Juels et al., 2016) (Zhang et al., 2016)

KYC-Prozesse sind ein wichtiger Bestandteil für Betriebe im Finanzsektor und ein Hilfsmittel im öffentlichen Bereich im Kampf gegen Korruption und organisiertes Verbrechen. Wie Juels et al. (2016) aufzeigen, steht diese detaillierte Aufzeichnung von Kundendaten im Widerspruch zu der Offenheit und Transparenz einer Public Blockchain. (Juels et al., 2016, p.286)

Beim Austausch von Währungseinheiten, wie im Bitcoin Netzwerk, ist die Pseudonymität eine gebräuchliche Handhabung. Eine Verschleierung der Daten ist allerdings für Smart Contracts nicht immer möglich und ist, wie Jueles et al. (2016) in ihrer Publikation beschreiben, auch oftmals unerwünscht. (Juels et al., 2016)

Als Abhilfe für die Privacy Probleme bei Smart Contracts, stellen Zhang et al. in ihrer Publikation aus dem Jahr 2016 das System 'Town Crier' vor. Der entwickelte Town Crier Server dient als Relais zwischen Datenquelle und Blockchain. In der Publikation wird erwähnt, dass sensible Daten gar nicht mehr in der Blockchain gespeichert werden, sondern auf einem eigenen Bereich des Town Crier Servers liegen. Erst ein Mapping-Mechanismus bringt sensible Daten und die gespeicherten Transaktionen auf der Blockchain zusammen. (Zhang et al., 2016)

Wie in Kapitel 3.1.6 näher erläutert wird, ist dieses Vorgehen jedoch kein finaler Lösungsansatz, da durch die Implementierung eines Relais Sicherheitsprobleme entstehen.

3.1.5 Security und Smart Contracts

Vukolic (2015) weist darauf hin, dass der PoW-Konsensmechanismus eine geringe Manipulationsgefahr aufweist, sofern ausreichend Miner zur Verfügung stehen um Transaktionen zu überprüfen.(Vukolić, 2015, p.119)

Sicherheitslücken sind bei Smart Contracts unabhängig von dem eingesetzten Konsensverfahrens nicht unbekannt und können desaströse Folgen haben. Wie Luu et al. (2016) in einer automatischen Analyse zeigen, enthalten 8.333 von 19.336 Smart Contracts, welche auf der öffentlichen Ethereum Blockchain gespeichert sind, eine oder mehrere Sicherheitslücken.(Luu et al., 2016)

Diese Sicherheitsprobleme können verheerende Auswirkungen haben, da Smart Contracts mit großen Vermögenswerten handeln. Werden diese nicht in einem sicheren Umfeld gehandelt besteht Gefahr, dass die gespeicherten Assets gestohlen oder durch Fehlverhalten unzugänglich gemacht werden. Die berüchtigte DAO Attacke aus dem Jahr 2016 hat dazu geführt, dass ein Angreifer aus einem Crowdfunding Pot umgerechnet $\approx$ 60 Millionen USD unter seine Kontrolle bringen konnte. (Atzei et al., 2017) Wie diese Sicherheitslücke genau ausgenutzt wurde, kann in der Publikation von Atzei et al. (2017) nachgelesen werden.(Atzei et al., 2017)

Es muss aber nicht einmal eine bereichernde Absicht hinter einem Angriff stehen, um finanziellen Schaden anzurichten. Bereits ein Fehlverhalten eines Smart Contracts kann zu einem Deadlock führen, wodurch die Eigentümerinnen und Eigentümer aus den hinterlegten Vermögenswerten ausgeschlossen werden. (Mavridou & Laszka, 2017)

Erschwerend kommt hinzu, dass abgespeicherter Code innerhalb einer Blockchain nicht gepatcht werden kann. Das 'Code is Law' Prinzip führt dazu, dass ein fehlerhaft abgespeicherter Code in der Blockchain gespeichert bleiben muss - ohne Möglichkeit einen Bugfix einzuspielen. (Bhargavan et al., 2016) Der einzige Weg eines Roll Backs ist einen Hard Fork der Blockchain zu forcieren. Dieses Vorgehen erfordert aber einen nur schwer zu erreichenden Konsens unter einer breiten Mehrheit aller Stakeholder, da hierdurch auch das Vertrauen in die gesamte Plattform erschüttert wird.(Luu et al., 2016)

3.1.6 Deterministische Smart Contracts

Eine nicht-deterministische Ausführung eines Smart Contracts innerhalb einer Blockchain ist nicht möglich.(Christidis & Devetsikiotis, 2016, p.2297) Das bedeutet, dass ein Smart Contract bei jeder Ausführung mit gleichem Input immer den gleichen Output ergeben muss. Andernfalls ist es unmöglich einen Konsens in der Blockchain zu erzielen.

Dies führt zu mehreren Implikationen. So bereitet es große Schwierigkeiten Zufallswerte zu generieren, da ein Zufallswert per Definition immer einen anderen randomisierten Output erzeugt. Randomisierungen können daher nicht beliebig erstellt werden.

Ein verbreitetes Vorgehen ist es den Hash Wert eines Blocks, der noch nicht erstellt wurde, als determinierte Zufallszahl zu nutzen. Der Block ist a priori noch nicht bekannt, aber a posteriori eindeutig definiert. Dieses häufig genutzte Verfahren zur Generierung von Zufallswerten wird allerdings als nicht sicher angesehen.(Banasik et al., 2016)

Die deterministischen Eigenschaften der Blockchain machen auch die direkte Nutzung eines Web Services unmöglich. Es kann bei einzelnen Requests immer zu Verbindungsproblemen oder Latenzen kommen und somit auch zu unterschiedlichen Ergebnissen einzelner Nodes. (Berentsen, 2017) Dies hätte zur Folge, dass kein Konsens über den erstellten Block getroffen werden kann.

Auch Bartoletti (2017) streicht als Herausforderung hervor, dass externe Services nicht direkt aufgerufen werden können, da diese die interne Konsistenz der Blockchain gefährden.(Bartoletti & Pompianu, 2017)

Um dieses Problem zu Umgehen werden im Allgemeinen Oracles wie von oraclize.it verwendet, um als Interface zwischen Smart Contract und der Außenwelt zu fungieren.(Oraclize, 2019) Technisch gesehen sind Oracles Anbindungen an Smart Contracts die Statuswerte an Smart Contracts übergeben oder entnehmen. (Bartoletti & Pompianu, 2017, p. 502)

Das Team um Bartoletti (2017) analysierte Webservice-Anbindungen zu Smart Contracts. So gut wie alle Webservice-Schnittstellen zu Smart Contracts wurden mittels eines externen Oracles von Oraclize(Oraclize, 2019) implementiert.(Bartoletti & Pompianu, 2017, p.503)

Das Relais 'Town Crier', welches in Kapitel 3.1.4 näher beschrieben wird, ist somit auch nichts anderes als eine Art Oracle.(Zhang et al., 2016) Auf der Website des Projekts wird die Relaisstation 'Town Crier' auch durchwegs als Oracle bezeichnet.(town-crier.org, 2019)

3.2 Die geeignete Blockchain für Smart Contracts

Mit dem Erfolg des Bitcoins wurden zahlreiche neue Blockchains und Kryptowährungen ins Leben gerufen, die sich auf unterschiedliche Anwendungsmöglichkeiten spezialisiert haben.

Wie in Tabelle 2 dargestellt, haben Bach et al. (2018) die Kryptowährungen mit der größten Marktkapitalisierung und deren zugrundeliegende Konsens-Algorithmen dargestellt. (Bach et al., 2018, p.1546)

Tabelle 2: Cryptocurrencies and their Consensus Algroithm

Currency Name	**Consensus Algroithm**	**Market Cap**
Bitcoin	Proof of Work	USD 157.3 B
Ethereum	Proof of Work	USD 95.7 B
Ripple	Ripple Protocol Consensus Algorithm	USD 37.1 B
Bitcoin Cash	Proof of Work	USD 21.4 B
Cardano	Proof of Stake	USD 11.8 B
Stellar	Stellar Consensus Protocol	USD 8.3 B
NEO2	Delegated Byzantine Fault Tolerance	USD 8.2 B
Litecoin	Proof of Work	USD 8.1 B
EOS	Delegated Proof of Stake	USD 6.5 B
NEM	Proof of Importance	USD 5.7 B

(Bach et al., 2018, p.1546)

Die Kryptowährung mit der zweitgrößten Marktkapitalisierung ist Ethereum. Diese Währung bietet eine auf Blockchain basierende Turing-Vollständige Programmiersprache um Smart Contracts zu erstellen und zu verwenden. Bei der Entwicklung von Ethereum war es eine zentrale Aufgabe mit der digitalen Währung 'Ether' Smart Contracts zu erstellen.(Buterin et al., 2014)

In dem aufstrebenden Markt der Smart Contracts (Zheng et al., 2018) wurden auch weitere Kryptowährungen entwickelt, um die spezielle Anforderungen von Smart Contracts abzudecken.

Dass ein Forschungsbedarf zum Thema Datenschutz und Smart Contracts besteht, wurde in Kapitel 3.1.4 bereits erwähnt. Die Kryptowährung Hawk hat sich zum Ziel gesetzt den Datenschutz zu verbessern und die Privatsphäre der Vertragspartner, trotz einer dezentralen Blockchain nicht zu verletzten. (Kosba et al., 2016) Allerdings wurde bis zum heutigen Tag auf der Website des Projekts keine Software veröffentlicht, die den alternativen PoW Ansatz der Publikation realisiert. (*Privacy-Preserving Blockchain and Smart Contracts*, 2019)

Das Projekt Counterpart hat sich auf Smart Contracts spezialisiert. Es will Bitcoin um eine Skriptsprache erweitern, um komfortabler Smart Contracts abbilden zu können (Chen & Zhang, 2017). Auf der Projektwebsite ist allerdings ersichtlich, dass die Implementierung auf unbestimmte Zeit vertagt wurde. Derzeit wird als Alternative auf Ethereum verwiesen(*Counterparty Io*, 2019), das bereits über die Scriptsprache 'solidity' verfügt, um komfortabel Smart Contracts erstellen zu können.(Mavridou & Laszka, 2017)

Auch Zheng (2018) bestätigt, dass Ethereum die geläufigste Blockchain für Smart Contracts ist.(Zheng et al., 2018) Die Autoren Bartoletti und Pompianu (2017) sprechen sogar von Ethereum als eine 'archetypische Blockchain' für Smart Contracts. (Bartoletti & Pompianu, 2017)

Ethereum, das 2013 gegründet wurde, verwendet genauso wie Bitcoin das PoW Verfahren um einen Konsens zu erreichen. (Bach et al., 2018) (Buterin et al., 2014) (Nakamoto, 2008) Wie Christidis (2016) in seiner Publikation schreibt, ist allerdings der Konsensmechanismus für die Qualität des Smart Contracts kein ausschlaggebendes Kriterium. Vielmehr muss eine Blockchain, und damit das entsprechende Konsensverfahren, dem Anwendungsfall entsprechend ausgewählt werden. (Christidis & Devetsikiotis, 2016, p.2294)

3.3 Zusammenfassung und Erkenntnisse

Aufgrund der Literaturrecherche muss das Thema Skalierbarkeit besonders hervorgehoben werden, da es sich durch den gesamten Diskurs zieht. Im Kaptiel 5.1.2 wird darauf im Speziellen eingegangen, indem Alternativen zum PoW-Konsensmechanismus aufgezeigt werden. Die Literaturrecherche hat gezeigt, dass die ressourcenintensive Berechnung des Konsensensmechanismus auch schwerwiegende ökologische Auswirkungen zur Folge hat. Im Zuge der Beschreibung von alternativen Konsensmechanismen kann ein Ausweg aus den ökologisch negativen Auswirkungen aufgezeigt werden.

Die Themenbereiche Datenschutz und Privacy werden ausführlich im Kapitel 5.1.2 aufgearbeitet. Es werden Lösungswege aufgezeigt, wie die Veröffentlichung von personenbezogenen Daten auch innerhalb einer Blockchain vermieden werden kann. Da das Artefakt auf Basis von Ethereum sämtliche Anforderungen im Bezug auf Datenschutz im Rahmen einer Public Blockchain nicht vollständig bedienen kann, wird in einem weiteren Designzyklus ein weiteres Artefakt auf Basis einer Permissioned Blockchain erstellt.

Wie die Literaturrecherche gezeigt hat, bestehen Sicherheitsbedenken bezüglich der fehlenden Patch-Möglichkeiten bei Smart Contracts. Das Kapitel 5.4 thematisiert weitere Hürden bei der Programmierung von Smart Contracts und gibt Hinweise wie diese bewältigt werden können. Dies dient in erster Linie dazu sichere Smart Contracts zu erstellen.

Die Auswirkungen und Einschränkungen der deterministischen Eigenschaften von Smart Contracts werden in Kapitel 5.5 und den erstellten Artefakten näher thematisiert.

Aus der Literaturrecherche und den gesammelten Publikationen kann man schließen, dass Ethereum die populärste Blockchain für Smart Contracts ist. Dies bestätigt die Relevanz des Artefakts in Kapitel 5.6.1 welches auf Basis von Ethereum erstellt wird.

Die wichtigste Erkenntnis der Literaturrecherche ist aber die direkte Beantwortung der ersten Forschungsfrage: 'Welche Blockchain Technologie eignet sich optimal als Basis für Smart Contracts als Webservice'. Anhand des Kapitels 3.2 kann beantwortet werden, dass eine allgemeingültige, ideale Blockchain für alle Anwendungsfälle nicht existiert. Es muss stets abgewogen werden welche Blockchain für den jeweiligen Anwendungsfall das Optimum darstellt. (Valenta & Sandner, 2017) (Christidis & Devetsikiotis, 2016)

Diese Erkenntnis forciert eine anwendungsfokusierte Sicht von Smart Contracts und wird in allen Teilbereiche dieser Arbeit berücksichtigt. Das betrifft die durchgeführten Interviews, den How-To Leitfaden in Kaptiel 5.2 und führt auch zu einem weiteren Designzyklus mit der Erstellung eines zweiten Artefakts auf Basis einer Permissioned Blockchain.

4 Anwendungsbeispiele von Smart Contracts in Österreich

Die eingangs gestellte Forschungsfrage "Weshalb verwenden Start-up Gründerinnen und Gründer Smart Contracts und spielen Webservices in deren Anwendungsfällen eine zentrale Rolle"wird anhand der Methode von systematisch geführten qualitativen Interviews erläutert.

Wie in Kapitel 2 angeführt, können mittels systematisch geführter qualitativer Interviews die verschiedenen Anwendungsfälle von Smart Contracts für Startup Gründerinnen und Gründer aufgezeigt werden. Darüber hinaus können anhand der gewählten Methode auch die technischen und rechtlichen Herausforderungen dargestellt werden, welche die Blockchain Technologie in der Praxis überwinden muss. Die gewählte Art der Interviewführung erweist sich darüber hinaus auch als sehr gut dafür geeignet einen Einblick in die österreichische Start Up Szene zu erlangen und die Frage zu klären, ob Webservices überhaupt ein entscheidendes Kriterium für Smart Contract Anwendungen darstellen.

Die Literaturrecherche in Kapitel 3.2 zeigt, dass die ideale Blockchain je nach Anwendungsfall ausgewählt werden muss. Wie Eingangs erwähnt, geben systematisch geführte qualitative Interviews einen guten Überblick über möglichen Anwendungsfälle in der Praxis. Anhand des eigens ausgearbeiteten Interviewleitfadens (siehe Appendix A) kann im Zuge der Durchführung der Interviews gezielt auf die verschiedenen praxisrelevanten Anwendungen österreichischer Startup Gründerinnen und Gründern Bezug genommen werden.

4.1 Interviewpartnerinnen und Interviewpartner

Um eine nachvollziehbare Antwort auf die Forschungsfrage zu erhalten, werden a-priori folgende zwei Interview-Kriterien für mögliche Interviewpartnerinnen und Interviewpartner definiert:

- Das Unternehmen, welches die Interviewpartnerin oder der Interviewpartner repräsentiert, muss eine Smart Contract Anwendung eingeführt haben oder im Begriff sein eine Smart Contract Anwendung einzuführen.
- Die Gesprächspartnerin, der Gesprächspartner muss ein Start-Up gegründet haben oder sich zum Zeitpunkt des Interviews im Gründungsprozess befinden

Da sämtliche Forschungsfragen dieser wissenschaftlichen Auseinandersetzung das Thema Smart Contracts beleuchten, muss der Interviewpartner oder die Interviewpartnerin einen eindeutigen Bezug zu einer oder mehreren Smart Contract Anwendungen aufzeigen.

Die Forschungsfrage, wofür die Methodik von Interviews herangezogen wird, zielt auf Start-Up Gründerinnen und Gründer ab. Daher muss die Gesprächspartnerin oder der Gesprächspartner ein Unternehmen kürzlich gegründet haben, oder sich in Gründung befinden. Diese Prämisse schließt somit etablierte Unternehmen aus, die ihr bestehendes Produktportfolio um eine Smart Contract Anwendung erweitern.

Aus neun möglichen Interviewpartnerinnen und Interviewpartnern haben sechs Personen diese Kriterien erfüllt. Bei drei Personen ist das Interview aus terminlichen Gründen nicht zustande gekommen.

In einem ersten Schritt wurden anhand der Transkripte Einzelfallbeschreibungen durchgeführt, welche die Informationen der Interviews verdichten und die wesentlichen Bestandteile der Interviews in komprimierter Form darstellen.(Mayring, 2003) Zugleich wird der Einsatzbereich für Smart Contracts des jeweiligen Unternehmens vorgestellt.

4.2 Einzelfallbeschreibungen

Wie im vorhergehenden Kapitel beschrieben werden die zentralen Aspekte der Interviews als Einzelfallbeschreibungen vorgestellt. Die Unternehmen und der Einsatzbereich der Produkte werden kurz erläutert.

4.2.1 Advoodle

Das Start-Up Advoodle ist ein Unternehmen in der Gründungsphase. Es bietet Notarinnen und Notaren sowie Anwältinnen und Anwälten die Möglichkeit unterschiedliche Verträge über eine Webanwendung zu erstellen.

Über ein Web Interface werden verschiedene Versionen eines Vertrags in eine Blockchain geschrieben. Die in der Blockchain enthaltenen Datensätze können mittels Handysignatur signiert werden. Eine weitere Schnittstelle im Bereich der Übertragung von Daten zu Behörden ist vorgesehen.

Anhand des Interviews, mit dem Gründer des Unternehmens, Andreas Böcskör, kann entnommen werden, dass das Unternehmen eine Permissioned Blockchain von IBM einsetzt. Die Entscheidung keine Public Blockchain zu verwenden, ist vor allem aus Privacy Gründen gefallen. Es werden somit sämtliche erstellte Vertragsdaten in die Blockchain gespeichert.

Außerdem ist aus dem Interview ableitbar, dass der Smart Contract ein wichtiger Bestandteil zur Versionierung und Sicherung von Verträgen ist. Es wurde auch bestätigt, dass der Smart Contract kein Kernfeature des Unternehmens ist. Die Vertragserstellungssoftware ist der zentrale Verkaufsaspekt, die Blockchain ist lediglich ein Mittel zur Speicherung der relevanten Daten.

4.2.2 Reposée

Das Unternehmen Reposée ist seit zwei Jahren aktiv und betreibt eine Immobilienplattform für Freizeitimmobilien. Es ist fokussiert auf das Mieten, Tauschen aber auch Teilen von Ferienwohnungen über einen längeren Zeitraum. Die Webplattform ist aufgeteilt in Frontend- und Backendprogrammierung, wobei das Frontend auf dem Framework Angular basiert.

Die Entwickler von Reposée implementieren derzeit eine Zahlungsmöglichkeit mittels Ethereum, einer Public Blockchain. Die Blockchain soll eine Ausfallsicherheit für Vermieterinnen und Vermietern gewährleisten. Gleichermaßen soll den Mieterinnen und Mietern die Zahlung abgesichert werden, falls die dargestellten Leistungen nicht den Erwartungen entsprechen.

Das Interview mit Alexander Schuch, dem Geschäftsführer des Unternehmens, deutet auf einen längeren Entscheidungsprozess in der Auswahl zur geeigneten Blockchain hin. Es wurde sogar die Gründung eines ICO's, das Schaffen einer eigenen Kryptowährung, in Erwägung gezogen. Schlussendlich wurde die Blockchain Ethereum ausgewählt, da sie den Anforderungen am besten gerecht wird und bereits weit verbreitet ist.

Insbesondere geht aus dem Interview auch hervor, dass die Vorteile von Ethereum im gesamten Ökosystem, inklusive der einsetzbaren Frameworks liegen. So wurde zum Beispiel das Framework Web3 und Truffle genannt, die eine erhebliche Vereinfachung der Programmierung mit sich bringen.

4.2.3 Lex Paul

Das Legal-Tech Unternehmen LexPaul ist ein, sich in Gründung befindendes Unternehmen, das sich auf die Veröffentlichung und Verwaltung von Gesetzesblättern und Verordnungen spezialisiert hat. Die Daten der jeweiligen Behörde werden in eine Blockchain gespeichert, sodass ein Datensatz lückenlos zurückverfolgbar ist. Das Unternehmen bietet derzeit seine Dienste in Österreich, Deutschland und der Schweiz an, wobei erste Aufträge in der Schweiz umgesetzt werden.

Die Software ist sowohl eine Webanwendung, als auch eine Individualsoftware-Lösung, welche kundenspezifisch angepasst werden kann.

Anhand des Interviews geht hervor, dass auf eine Permissioned Blockchain gesetzt wird, um den Behörden, welche die Daten veröffentlichen, mehr Kontrolle und Sicherheit zu bieten.

Der Entscheidungsprozess zu einer Permissioned Blockchain war nicht geradlinig. Initial stand die Frage im Raum, ob überhaupt eine Blockchain verwendet werden sollte, oder ein 'Cloud Service' vorzuziehen sei.

Für das Einsehen und Sortieren der veröffentlichten Daten steht eine Webanwendung zur Verfügung.

4.3 Ergebnisse und Interpretation

Es wurden, wie in Kapitel 2 beschrieben, drei Interpretations-Phasen angewandt um Antworten auf die offenen Fragestellungen zu generieren.

Der gesamte Text der transkribierten Interviews wurde in einem Kodierverfahren analysiert. Dafür wurden die W-Fragen des offenen Kodierens bei jedem Interview gestellt und die Ergebnisse in Stichworten notiert. (Brüsemeister, 2008, p.85) Die gestellten W-Fragen umfassen 'Wer? Wann? Wo? Was? Wie? Wie viel? Warum?' und dienen zur Sequenzierung und Zusammenfassung der geführten Interviews.

Da lediglich drei Interviews durchgeführt werden konnten, mussten keine technische Hilfsmittel zur Erstellung und Verwaltung der Kodierung vorgenommen werden.

Im nächsten Schritt wurden die kodierten Notizen in Kategorien für jedes einzelne Interview zusammengefasst.

Nach dem Querlesen aller Kategorien sämtlicher Interviews wurden schließlich die Begriffe in 6 Hauptkategorien zusammengefasst:

- Entscheidungsprozesse
- Permissioned Blockchain oder Public Blockchain
- Vereinfachung
- Sicherheit
- Add On
- Webservice

Diese Hauptkategorien repräsentieren die wesentlichen Ergebnisse der Interviews. Anhand dieser Hauptkategorien werden in diesem Kapitel die Interviewergebnisse kurz zusammengefasst und eine Interpretation der Aussagen der Interviewpartner[1] vorgenommen.

4.3.1 Entscheidungsprozesse

In sämtlichen Interviews waren die Entscheidungsprozesse nicht linear und eindeutig. Die Entscheidungsfindung der interviewten Personen bezog sich nicht nur auf die spezifisch zu wählende Anwendung sondern auch auf eine Entscheidung hinsichtlich der praktischen Eignung der Blockchaintechnologie für das durchzuführende Projekt. In dem Interview mit dem Gründer von LexPaul wurde beispielsweise erwähnt, dass zu Projektbeginn nicht klar war, ob überhaupt eine Blockchain verwendet werden sollte. Während die Entwickler von Reposée zu Beginn ihres Projekts unsicher waren, ob ein eigenes ICO nicht zielführender wäre.

[1] Es wird auf eine genderneutrale Sprache verzichtet, da sämtliche Interviewpartner tatsächlich männlich sind.

Als exploratives Erkenntnisziel wurde festgestellt, dass eine eigene Methode angewendet werden muss, um einen zielgerichteten Entscheidungsprozess zur Ermittlung der geeigneten Blockchain herbeizuführen. Daher wurden die geführten Interviews zum Anlass genommen, eine Methode zu entwickeln, um diese Entscheidungsprozesse zu vereinfachen. Dafür wurde in Kapitel 5.2 einen Leitfaden entwickelt, der den Entscheidungsprozess mittels eines Fragenbaums gliedert und zur geeigneten Speichermethode führt. Diese übersichtliche Gliederung hilft Unternehmerinnen und Unternehmern schneller eine faktenbasierte und anwendungsspezifische Entscheidungen zu treffen.

4.3.2 Permissioned Blockchain oder Public Blockchain

Permissioned Blockchains sowie Public Blockchains sind in gleichen Maßen für österreichische Start Up Entrepreneurs von großer Bedeutung. Die Interviewpartner haben in den geführten Gesprächen die Relevanz der unterschiedlichen Blockchain Typen für die jeweiligen Ausführungen der Smart Conracts bestärkt.

Die Interviewergebnisse weisen eindeutig darauf hin, dass Blockchains auch im Unternehmensumfeld anwendungsspezifisch ausgewählt werden müssen. Unternehmen die vertrauliche Daten über die Blockchain abwickeln, wie im Fall von Advoodle, verwenden eine Permissioned Blockchain. Projekte deren Fokus auf Smart Contracts im Zusammenhang mit Zahlungsaufträgen gerichtet ist, wie der Fall des Unternehmens Reposée, setzen eine Public Blockchain ein.

Dieses Bild spiegelt sich auch in der Literatur wider. In der analysierten Literatur beschreiben Valenta & Sandener (2017), dass Permissioned Blockchains sowie Public Blockchains gleichermaßen als wichtige Anwendungen für Unternehmen angesehen werden. (Valenta & Sandner, 2017)

Wie in der Literaturrecherche in Kaptiel 3.2 dargestellt, ist der spezifische Anwendungsfall ausschlaggebend, ob eine Permissioned oder Public Blockchain ausgewählt wird. (Christidis & Devetsikiotis, 2016, p.2294)

Diese aus den Interviews hervorgehenden Fallbeispiele, unterstreichen die Ergebnisse der durchgeführten Literaturrecherche: Es ist zum momentanen Zeitpunkt der Durchführung dieser wissenschaftlichen Auseinandersetzung keine Blockchain vorhanden, die allen Anwendungsanforderungen genügt.

Um dieses erreichte Erkenntnisziel explorativ zu untermauern, wurde in dieser Arbeit sowohl ein Artefakt auf Basis einer Public Blockchain in Kapitel 5.6.1 als auch auf Basis einer Permissioned Blockchain in Kapitel 5.7.1 erstellt.

4.3.3 Vereinfachung

In sämtlichen Interviews wurde die Vereinfachung eines bereits existierenden Services angesprochen. Der Smart Contract hilft in diesen Fällen demnach einen Prozess oder eine Aktivität zu vereinfachen.

In der Publikation von Treleaven et al. (2017) wird von der Vereinfachung des KYC Prozesses im Banken- und Finanzsektor berichtet. (Treleaven et al., 2017) Die geführten Interviews legen nahe, dass Vereinfachungen von Anwendungen nicht nur auf den Finanzsektor beschränkt sind, sondern sich auch auf andere Bereiche ausdehnen lassen. Anhand der Interviews sind vor allem Bereiche der Versionierung und chronologische Speicherung als relevante Einsatzzwecke für Smart Contracts auszumachen.

4.3.4 Sicherheit

Zwei von drei Interviewpartnern haben die erhöhte technische Sicherheit durch Einführung einer Blockchain angesprochen. Die Interviewpartner behaupten, dass durch die Verwendung der Blockchain die eingesetzte Anwendung von einem höheren Sicherheitsstandard profitiert.

Da die Behauptung von 'höherer Sicherheitsstandards' in den Interviews ohne technische Bestätigung erfolgte, muss diese Behauptung mithilfe einer Literaturrecherche bestätigt werden.

In der Publikation von Dorrie et al. (2017) werden drei wichtige Aspekte in Bezug auf Sicherheit genannt, nämlich Confidentiality, Integrity und Availability, die unter dem Akronym CIA zusammengefasst werden. (Dorri et al., 2017, p. 5)

Confidentiality, also die Vertraulichkeit, stellt sicher, dass ausschließlich berechtigte Personen Daten lesen und schreiben dürfen. Das heißt nicht nur, dass User a priori berechtigt sein müssen, sondern auch dass sichergestellt werden muss, dass User sich nicht als jemand anderes ausgeben können und beispielsweise mehrere Identitäten innehaben.

Vertraulichkeit kann durch folgende Eigenschaften gewährleistet werden:

- Symmetrische/Asymmetrische Verschlüsselungsalgorithmen (RSA/AES/ECC)
- Anonymisieren von Daten
- Verschleierung von Daten
- Autorisierung basierend auf Verschlüsselung
- Autorisierung durch Sicherungszertifikate

(Komninos et al., 2014, p.1950)

Verschlüsselung, Anonymisieren und Verschleierung von Daten werden in Public Blockchains angewandt. Sämtliche dieser Eigenschaften zeichnen Permissioned Blockchains aus.

Integrity - Die Integrität stellt sicher, dass Daten am Zielort ankommen, ohne auf dem Weg zum Empfänger verändert worden zu sein.

Die systematische Literaturrecherche in der Publikation von Conoscenti et al. (2016) von 18 Use Cases, sieht die Datenintegrität vor allem durch einen schwer zu errechnenden PoW

Konsensmechanismus gewährleistet. (Conoscenti et al., 2016) In Permissioned Blockchains wird die Integrität durch Konsensverfahren wie BFT Konsensverfahren gewährleistet. Durch das Netzwerk einer Permissioned Blockchain kann die Integrität einer Nachricht von allen Netzwerkteilnehmerinnen und -teilnehmern unabhängig geprüft und eskaliert werden. (Androulaki et al., 2018, p. 9)

Availability- die Verfügbarkeit bedeutet, dass jeder Dienst oder jede Information für User verfügbar ist, wenn dieser benötigt wird. Durch die Tatsache, dass eine Blockchain ein verteiltes System ist, ist es durch redundante Datenspeicherung vor Ausfällen besser geschützt als ein zentralisiertes System.

In Kapitel 3.1 wird die hohen Latenz als Hürde einer Public Blockchain beschrieben. Dies ist in einigen Anwendungen als schlechte Verfügbarkeit anzusehen. Wie in Kapitel 5.1.2 beschrieben, kann mittels eines alternativen Konsensverfahrens dieser Fallstrick beseitigt werden.

Da die Blockchain Technologie die wesentlichen Aspekte von Sicherheit (CIA) vollständig abdeckt, werden die diesbezüglichen Aussagen der Interviewpartner durch die analysierte Fachliteratur bestätigt.

4.3.5 Add On

Die durchgeführte Kategorisierung der Interviewergebnisse ergibt, dass der Smart Contract kein Kernfeature der jeweiligen Anwendungen ist. Sämtliche Interviewpartner geben stattdessen an, dass sie die Blockchain Technologie als Add-On zu ihrem Kernprodukt implementiert haben.

Aufgrund der geringen Anzahl an Interviewpartnerinnen und Interviewpartnern und dem Forschungsdesign dieser Arbeit, kann der erkennbare Trend nicht quantifiziert werden. Es bedarf einer statistischen Analyse, ob österreichische Start Up Gründer die Blockchain Technologie als Kernprodukt einsetzen. Dies ist auch in Kapitel 6 beschrieben.

4.3.6 Webservice

Sämtliche Interviewpartner geben an, dass ihr Smart Contract aufgrund der projektspezifischen Anforderungen über ein Webservice erreichbar sein muss. Entweder zur Steuerung oder zur Anzeige von Daten. Alexander Schuch von Reposée gibt in seinem Interview an, dass es eine Voraussetzung ist, Kundinnen und Kunden ein zentrales Webservice anzubieten.

Bestätigt wird dieser Aspekt dadurch, dass sich bei der Blockchain Ethereum mittlerweile ein gesamtes Ökosystem etabliert hat, um Smart Contracts an Webservices anzubinden und hierüber zu steuern. Hieraus kann man folgern, dass die Anbindung an ein Webservice als eine objektive Notwendigkeit von Smart Contracts betrachtet wird.

Da die beschriebene Anbindung an Webservices mit nicht unerheblichem Programmieraufwand verbunden ist, wurden sogar Unternehmen gegründet, welche die Anbindung an

Webservices zu ihrem Kerngeschäft gemacht haben. Eines dieser Unternehmen ist Oraclize.it (Oraclize, 2019) dessen Funktionen in Kapitel 5.5.1 vorstellt wird.

5 Implementierung eines Smart Contracts

Wie in Kapitel 1 beschrieben, dient die Erstellung eines Blockchain-Artefakts inklusive einer Schnittstelle für Inputs und Outputs als Hilfestellung und gleichermaßen als Best Practice Anleitung.

Vor der Implementierung muss geplant werden, auf welcher Basis das Artefakt erstellt wird. Die Auswahl der passenden Blockchain ist eine grundlegende Entscheidung, die auf den spezifische Anforderungen an den Smart Contract basiert.

Die verwendete Blockchain ist essentiell, da einige Fallstricke vermieden werden müssen. Wie das Ergebnis der Literaturrecherche in Kapitel 3.2 ergibt, muss je nach Anwendung abgewogen werden welche Blockchain zu verwenden ist. Die jeweilige Anwendung muss analysiert und in entscheidende Teilbereiche aufgeteilt werden, um eine passende Entscheidung zu finden.

Um ein Artefakt zu erstellen, muss ein Prozess zur Entscheidungsfindung über die geeignete Blockchain durchgeführt werden. Im Internet und in der Fachliteratur findet man zahlreiche Artikel und Publikationen(Massessi, D., 2019) (*truffle.js*, 2019) (Zhang et al., 2016) zur Auswahl der geeigneten Blockchain. Die Informationen sind allerdings auf unterschiedliche Stellen verteilt, was eine schnelle Entscheidungsfindung schwierig gestaltet und überdies den Prozess fehleranfällig macht.

In den in Kapitel 2 angeführten Literatur Bibliotheken war kein passender Leitfaden zu finden, der eine klare Technologieauswahl auf einen Blick darstellt. Aus diesem Grund habe ich in dieser Arbeit einen How-To Leitfaden ausgearbeitet, der im nachfolgenden Kapitel 5.2 erläutert wird.

Um die geeignete Blockchain zu finden muss grundsätzlich davon ausgegangen werden, dass es unterschiedliche Arten von Blockchains gibt. Die Unterscheidung und die Abgrenzungen der Blockchains zu einander werden im folgenden Kapitel geklärt.

5.1 Klassifizierung von Blockchains

Blockchain ist eine neue Technologie für den dezentralen Datenaustausch auf Basis von Transaktionen. Blockchains werden in großen Netzwerken eingesetzt mit Teilnehmerinnen und Teilnehmern die einander nicht persönlich bekannt sind und demnach kein Vertrauensverhältnis zwischen ihnen herrscht. Dieses fehlende Vertrauensverhältnis kann durch unterschiedliche Verfahren ersetzt werden. Anhand der Literaturrecherche von zahlreichen Publikationen (Lewenberg et al., 2015) (Pilkington, 2016) (Androulaki et al., 2018) (Jayasinghe et al., 2011), etlichen Entwicklerforen und einschlägigen Wikis konnte folgende Taxonomie von Blockchains feststellt werden:

Der Grad an Zentralisierung und der Zugriff auf die jeweiligen Daten ist der elementare Bestandteil, der Blockchains voneinander unterscheidet.

Die Art von Zentralisierung kann folgendermaßen gegliedert werden:

- vollständig zentralisiert
- Service zentral, Daten verteilt
- Service und Daten komplett dezentral
- Service teilweise dezentral, Daten verteilt

Die vollkommen zentralisierte Lösung ist trivial. Ein zentrales Service hat Zugriff auf sämtliche vorhandene Daten. Daten werden nicht distribuiert, sondern zentral erfasst.

Die nächste Stufe der Dezentralisierung betrifft das 'Cloud Service'. Dieses Service wird zentral verwaltet, die zu verarbeitenden Daten liegen aber bereits verteilt auf diversen Rechnern. Entscheidend hierbei ist, dass der Zugriff und die Zugriffssteuerung zentral erfolgen, obwohl die Daten auf unterschiedlichen Speicherplätzen liegen. In der Regel werden die dezentral liegenden Daten verschlüsselt, um ein unberechtigtes Auslesen der Daten zu unterbinden.

Die strategische Entscheidung, auf welche Art und Weise Daten abgespeichert werden soll - also ob zentral oder innerhalb eines Cloudservices - fließt nicht in den How-To Leitfaden von Kapitel 5.2 ein und wird aufgrund der thematisch abweichenden Materie in dieser Arbeit nicht näher behandelt.

Das komplette Gegenteil vom zentralisierten Service ist eine Public Blockchain, wie Bitcoin oder Ethereum. Jede Person kann ohne Freigabe dem Netzwerk beitreten und unmittelbar Transaktionen tätigen und ist auch dazu berechtigt Transaktionen zu bestätigen und damit zu minen.

Ein teilweise dezentrales Service fällt in den Bereich der Permissioned Blockchain. Mittels Berechtigungssteuerung wird vorweg festgelegt, welche Personen auf Daten zugreifen und diese manipulieren dürfen.

5.1.1 Public Blockchain

Wenn *die Blockchain* thematisiert wird, ist meistens von einer Public Blockchain die Rede. Wie in der Tabelle 2 auf Seite 16 von Bach et al. (2018) über die zehn größten Kryptowährungen dargestellt ist, haben die zwei populärsten Blockchains, Bitcoin und Ethereum, mehr als eine doppelt so große Marktkapitalisierung als die folgenden acht Währungen. Sowohl Bitcoin als auch Ethereum sind Public Blockchains welche mit dem Konsensmechanismus PoW arbeiten.

Das Wesen der Public Blockchain besteht darin, dass es jeder Person frei steht sich an dem Netzwerk zu beteiligen und unmittelbar Transaktionen durchzuführen. Die Verifikation und der Schutz vor Manipulation wird durch Rechenkraft mittels des PoW Konsensmechanismus erreicht, der in Kapitel 1.1 erklärt wird.

Das PoW Verfahren um einen Konsens zu erreichen, birgt zwar Sicherheit vor Manipulation, aber auch sämtliche Nachteile im Bereich der Skalierung und des Datenschutzes die in der Literaturrecherche in Kapitel 3.1 näher beschrieben werden.

In der relevanten Literatur finden sich zahlreiche Ansätze wie man den Performance Hunger und insbesondere die fehlende Skalierbarkeit in den Griff bekommen kann. (Vukolić, 2015) (Buterin et al., 2014) (Androulaki et al., 2018) Allerdings haben sich bis zum heutigen Tag keine Public Blockchains mit alternativen Konsensmechanismen durchgesetzt, da sämtliche dieser Verfahren in einem öffentlichen Umfeld zu Sicherheitsbedenken führen. (Androulaki et al., 2018) So hat sich der PoW Konsensmechanismus zu einem de facto Standard bei Public Blockchains etabliert. (Chuen, 2015)

Aufgrund der Tatsache, dass die Software welche Bitcoin und Ethereum zugrunde liegt unter einer Open Source Lizenz veröffentlicht wurde und frei zur Verfügung steht, ist es keine Herausforderung die Software zu kopieren und eine eigene Blockchain zu erstellen. Es muss lediglich ein 'Genesis Block', ein erster Block innerhalb einer Blockchain, erstellt werden. Wird diese Blockchain in einem öffentlichen Netzwerk betrieben, ist bereits eine eigene Public Blockchain erstellt worden.

Dieses Vorgehen kann sehr hilfreich sein um ein Test-Netzwerk zu kreieren. Smart Contracts können so in einer Umgebung getestet werden, die ident zum tatsächlichen Netzwerk ist, aber weder Übertragungskosten verursacht, noch Wartezeiten notwendig werden, da die Generierung von Blocks individuell steuerbar ist.

Eine kopierte Ethereum Blockchain unterscheidet sich somit in keiner Weise vom Ethereum Netzwerk selbst - bis auf die Tatsache, dass weniger Personen im Netzwerk beteiligt sind. Die Qualität hängt von der Anzahl der Miner und Beteiligten eines Netzwerks selbst ab. Die Stärke und demnach der Grad an Sicherheit vor Manipulation der Blockchain, unter Verwendung des PoW Konsensmechanismus wächst proportional zu der Anzahl ihrer Mitglieder. (Narayanan et al., 2016) Eine Public Blockchain mit wenigen Mitgliedern ist daher eher dem Risiko von Manipulation ausgesetzt.

Um dieses Sicherheitsrisiko zu minimieren, ist es möglich die Transaktionen nicht mehr anonym durchführen zu lassen, sondern ein Berechtigungssystem einzuführen. Dadurch hat man mit der Softwaregrundlage einer Public Blockchain eine Permissioned Blockchain geschaffen, deren Eigenschaften im folgenden Kapitel näher thematisiert werden.

5.1.2 Permissioned Blockchain

Anstelle einer anonymen, öffentlichen Teilnahme an einer Public Blockchain - also einer öffentlichen Blockchain - muss bei einer Permissioned Blockchain die Teilnahme von einer zentralen Stelle oder einem speziellen Mechanismus genehmigt werden. Die Berechtigungen umfassen das Lesen von Daten aus der Blockchain sowie die Berechtigung zur Durchführung von Transaktionen. Multichain Systeme erlauben es granulare Benutzerberechtigungen zu vergeben, sodass vertrauliche Datensätze gesondert behandelt werden können.

Es gibt zahlreiche Fälle wofür sich Permissioned Blockchains eignen können. Zumeist sind es datenschutzrechtliche Gründe, die gegen eine Veröffentlichung von Daten sprechen. Banken und Finanzdienstleister sind verpflichtet KYC (Know Your Customer) Prozesse mit persönlichen Daten zu erfassen und abzuspeichern. Diese Daten dürfen jedoch aus rechtlichen Gründen in keiner Public Blockchain veröffentlicht werden.

Spezielle Berufsgruppen müssen jedoch gewährleisten können, dass die von ihnen erfassten Daten in einem bestimmten Land gespeichert werden. Mittels einer Permissioned Blockchain kann sichergestellt werden, dass sich Datensätze zuverlässig auf bestimmten Server-Instanzen befinden. (Androulaki et al., 2018, p.5)

Alternative Konsensmechanismen

Ein Smart Contract der als 'vertrauenswürdige verteilte Applikation' definiert wird, erzielt seine Sicherheit durch den Konsensmechanismus der ihm zugrundeliegenden Blockchain. Wie bereits mehrfach in dieser Arbeit und in der Literaturrecherche bestätigt, hat der PoW Konsensmechanismus allerdings Nachteile in der Skalierung und dem Datenschutz.

Mit sieben Transaktionen pro Sekunde gelangt der PoW an seine Kapazitätsgrenze. Er weist zusätzlich eine Latenz von bis zu einer Stunde auf (Vukolić, 2015), was für globale und zeitkritische Anwendungsfälle ungeeignet ist.

Da in einer Permissioned Blockchain eine Autorisierung gesondert zugewiesen werden kann und die Sicherheit nicht allein durch die Anzahl und Rechenkraft der Teilnehmerinnen und Teilnehmer in einem Netzwerk beruht, kann auf besser skalierbare Konsensmechanismen zurückgegriffen werden. Diese alternativen Konsensverfahren verfügen auch über den Vorteil, dass viele der in Kapitel 3.1 genannten Probleme vermieden werden können.

Um fehlertolerante und resiliente Services zu erhalten, kann auf eine Erweiterung der 'State Machine Replication' für Blockchains verwiesen werden. (Charron-Bost et al., 2010) Das State Machine Replication Service stellt ein erweitertes Service zur Erhöhung der Fehlertoleranz für State Machines dar. In diesem Fall muss der Smart Contract als eine State Machine modelliert werden.

Zur Sicherstellung, dass mehrere Nodes in das Netzwerk integrierbar sind, wird das 'Byzantine fault-tolerant state-machine replication protocol' (BFT) eingesetzt. Dieses Verfahren garantiert einen Konsens unter allen Nodes, selbst wenn ein fehlerhafter (ein so genannter byzantinischer) Knoten vorhanden ist.

Der BFT-Konsensmechanismus ist ein Verfahren, das an der Publikation über das Problem des Byzantinischen Generals aus dem Jahr 1982 angelehnt ist. (Lamport et al., 1982) Es beschreibt ein Dilemma wobei mindestens zwei Generäle einen Dritten zu einem Zeitpunkt gleichzeitig angreifen müssen. Allerdings besteht die zusätzliche Unsicherheit darin, dass einer oder mehrere Generäle die Unwahrheit sagen. Um diese Unsicherheit zu umgehen wird ein Konsensverfahren angewandt, das auf Mehrheitsverhältnissen beruht.

Dieser Algorithmus zur Berechnung von Mehrheitsverhältnissen wird für Public Blockchains gleichermaßen oder in adaptierter Form angewandt.

Bei dem Vergleich der BFT zu PoW Konsensverfahren, die in der Abbildung 4 dargestellt werden, konnte Vukolic (2015) nachweisen, dass BFT Konsensmechanismen wesentlich mehr Transaktionen verarbeiten können. Diese Arbeit bestätigt, dass Smart Contract Anwendungen mit BFT-Verfahren eine bessere Performance aufweisen und leichter zu skalieren sind. (Vukolić, 2015)

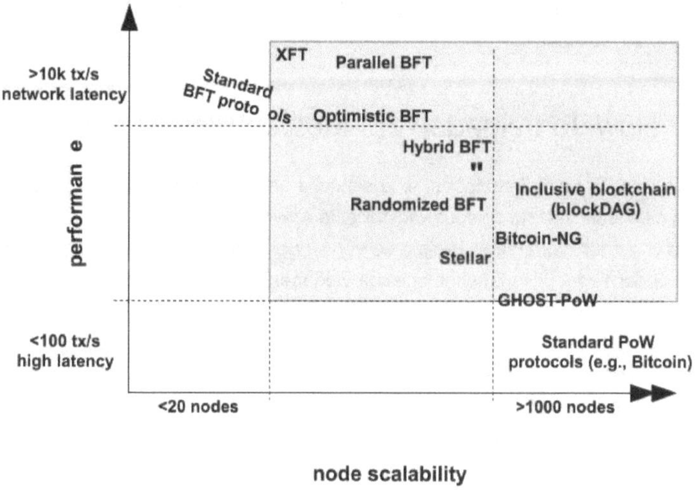

Abbildung 4: Performance nach Konsensmechanismen. (Vukolić, 2015)

Es gibt bereits zahlreiche Private Blockchains, die BFT als Konsensmechanismus verwenden. (Guerraoui et al., 2010) (Kwon, 2014) Die prominente Blockchain Tendermint arbeitet mit einem adaptierten BFT Konsensmechanismus, der ohne Mining sein Auskommen findet.(Kwon, 2014)

Der Konsensmechanismus der Permissioned Blockchain Hyperledger Fabric ist nicht fixiert, sondern kann flexibel definiert werden. Daher ist es möglich den passenden Konsensmechanismus, entsprechend der jeweiligen Anwendung zu wählen. Dadurch, dass Fabric auf einer modellgetriebenen Software aufbaut, ist sogar das Austauschen des Konsensmechanismus bei bereits erstellten Smart Contracts möglich. Das Experimentieren mit und das Vergleichen von alternativen Konsensmechanismen wird hierdurch stark erleichtert.

Mit diesem Framework ist es neben dem klassischen PoW Konsensmechanismus auch möglich, beliebige performantere Konsensmechanismen, wie den zuvor beschriebenen Konsensmechanismus BFT zu nutzen.

Hyperledger Fabric bietet auch die Möglichkeit mittels des Konsensmechanismus Sieve den

BFT-Algorithmus um eine Verifikationsphase und eine Zufallskomponente zu erweitern. Dies ermöglicht es spekulative und nicht-deterministische Anfragen zu filtern. Zusätzlich ist es mithilfe von Sieve möglich, die Reihung der Inputs zu verifizieren und zu validieren. (Christidis & Devetsikiotis, 2016)

Alternativ kann der simple Konsensmechanismus 'Raft' verwendet werden, welcher sich dadurch auszeichnet, dass über ein Lotterieverfahren ausgelost wird, wer den Master Consens berechnen darf. Die Dichte an Transaktionen können mithilfe dieser Verfahren auf über 1000 Transaktionen pro Sekunde erhöht werden. (Androulaki et al., 2018)

Somit sprechen rechtliche Gegebenheiten und Performance-Gründe für die Verwendung einer Permissioned Blockchain.

5.2 Der How-To Leitfaden zur idealen Blockchain

Das Ziel des How-To Leitfadens ist es, eine schnelle und umfassende Entscheidungshilfe zu kreieren um die ideale Technologieauswahl für eine Anwendung zu finden.

Eine Blockchain für das eigene Projekt zu verwenden, soll aus keiner Bauchentscheidung entstehen, sondern es müssen technologische Gegebenheiten für eine Entscheidungsfindung herangezogen werden.

Aufgrund der geführten Interviews kann davon ausgegangen werden, dass die Entscheidung eine Blockchain zu verwenden nicht immer klar und eindeutig ist. Die bestmögliche Wahl aus den zu verwendenden Systemen, wie Public Blockchains, Permissioned Blockchains oder Cloud-Basierte Systeme, war nicht allen Interviewpartnern von Beginn an klar ersichtlich.

Anhand der Literaturrecherche und weiterer Quellen habe ich sechs entscheidende Fragen gesammelt, die Aufschluss geben, ob eine Blockchain eingesetzt werden kann und welche Art gewählt werden sollte. Diese sechs Fragen sind übersichtlich in einem Flow Chart dargestellt, welches in Abbildung 5 zu sehen ist. Man erhält auf einen Blick eine Übersicht über die vorhandenen technologischen Optionen und findet Unterstützung bei der Entscheidungsfindung zur Technologieauswahl.

Der Startpunkt des Flow Charts ist die Suche nach der geeigneten Blockchain. Diese Fragestellung setzt implizit voraus, dass bereits eine Entscheidung gegen eine zentralisierte Lösung gefallen sein muss. Anhand eines Interviews in Kapitel 4.2.3 ist ersichtlich, dass die Fragestellung nach einer Blockchain gestellt werden kann, obwohl noch nicht ausgeschlossen wurde, ob eine zentrale Speicherung nicht vorteilhafter wäre.

Basierend auf der Klassifizierung von Blockchain und deren Services in Kapitel 5.1 habe ich drei Endpunkte gewählt:

- Herkömmliche Datenbanklösung
- Permissioned Blockchain
- Public Blockchain

Die Frage ob eine Cloud-Basierte Speicherung oder eine zentralisierte Speicherung vorzuziehen ist, habe ich in dieser Arbeit zusammengefasst. Es ist ein Task für zukünftige wissenschaftliche Auseinandersetzungen die Vor- und Nachteile von Cloud-Basierten Anwendungen und zentral gespeicherten Anwendungen zu beleuchten.

Anhand der Interviews konnte in Kapitel 4.3 gezeigt werden, dass Permissioned Blockchains und Public Blockchains in gleichem Maße wichtig für Anwendungen sind. Die Entscheidungsgrundlage zur Verwendung einer Public oder Permissioned Blockchain liegt vor allem im Security und Privacy Bereich.

Der How-To Leitfaden legt somit den Fokus auf Performance und Sicherheit. Für einen konkreten Anwendungsfall muss unabhängig von dem Flowchart geprüft werden, ob zusätzliche Kriterien benötigt werden um eine optimale Softwaregrundlage zu erhalten. Sämtliche Endpunkte des Flowcharts dienen lediglich der Entscheidungshilfe und können keine Garantie auf Vollständigkeit der gewählten Technologie geben.

Folgende Fragestellungen müssen je nach Anwendungsfall im Detail analysiert und geklärt werden um eine performante und sichere Anwendung erstellen zu können:

Ist eine herkömmliche Datenbank für meine Anwendung ausreichend?

Die Blockchain ist dem Grunde nach eine Möglichkeit Daten strukturiert und chronologisch abzuspeichern. Die initiale Frage muss lauten, ob eine Blockchain überhaupt eingesetzt werden muss. Eine Blockchain-Lösung ist in der Regel aufwendiger zu implementieren als eine herkömmliche Datenbanklösung. Zugriffe auf eine zentralisierte Datenbank sind immer schneller und performanter als Zugriffe auf eine Blockchain.(Scherer, 2017, p.25) Die Performancesteigerung ist unabhängig davon, ob eine relationale oder eine No-SQL Datenbank verwendet wird, da alleinig das Datenmodell entscheidend dazu beiträgt welche Art von Datenbank optimaler Weise verwendet werden sollte. (Hecht & Jablonski, 2011)

Muss mehr als ein Akteur Daten der Anwendung manipulieren?

Eine Blockchain kann erst dann sinnvoll eingesetzt werden, wenn es mehrere Akteure gibt. Bei der Teilnahme eines einzigen Akteurs gibt es auch keinen Grund eine verteilte Umgebung auf Basis einer Blockchain zu implementieren. Dies stellt eine Präzisierung der ersten Frage dar, da die Nutzung einer Blockchain mehrere Akteure voraussetzt. Im Falle eines einzelnen Akteurs ist eine reguläre Datenbank gegenüber einer Blockchain vorzuziehen, da diese immer eine bessere Performance aufweist.

Gibt es ein Vertrauensverhältnis zwischen den Akteuren?

Die Frage nach mehreren Akteuren wurde in dem vorhergehenden Punkt bereits geklärt. Ist ein Vertrauensverhältnis zwischen den teilnehmenden Akteuren gegeben, wird auch kein Konsensverfahren benötigt, das eine Sicherheit zwischen den Teilnehmern und Teilnehmerinnen herstellt. Es bedarf keines Manipulationsschutzes, da das Vertrauen ohnehin bereits vorweg

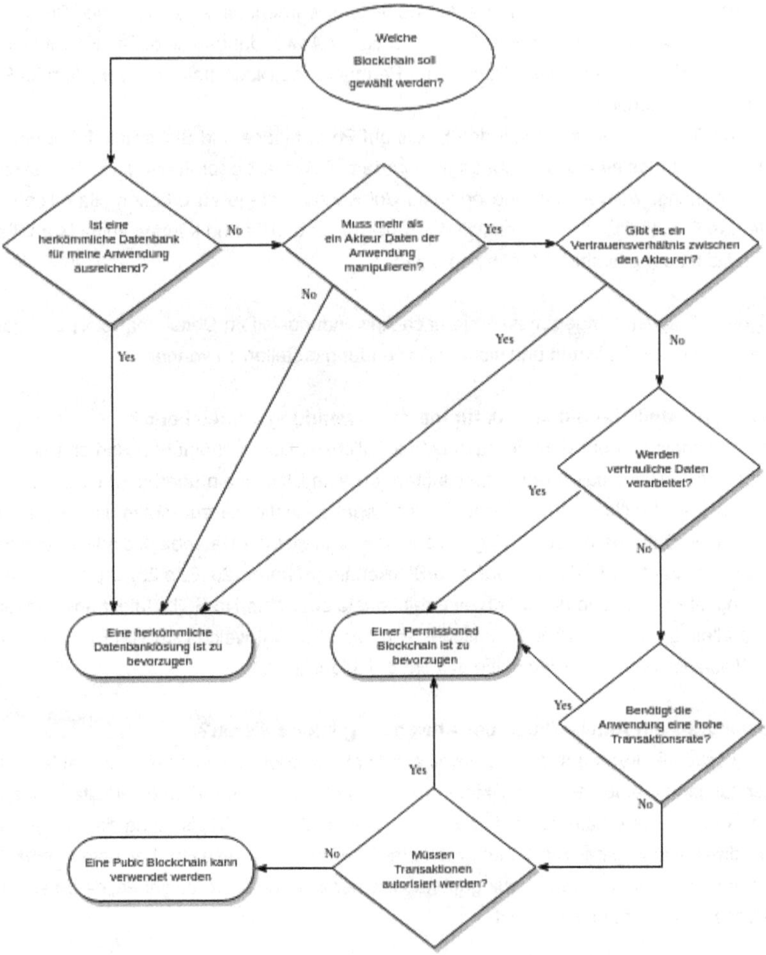

Abbildung 5: How-To: Welche Blockchain benötige ich?

gegeben ist. Aus Performance-Gründen ist hier ein dezentralisiertes n-tier System oder Cloud-Service zu bevorzugen.(Jayasinghe et al., 2011)

Werden vertrauliche Daten verarbeitet?

Wenn Daten verarbeitet werden, die unter die Europäische Datenschutzgrundverordnung fallen, oder aus anderen Gründen nicht veröffentlicht werden dürfen, ist besondere Vorsicht bei einer Blockchain-Lösung geboten. Eine volle Kontrolle über die Blockchain muss gewahrt werden können um DSGVO konforme Datenlöschungen vornehmen zu können.

Daten die nicht veröffentlicht werden dürfen, aber für die Anwendung wichtig sind, können nicht in einer Public Blockchain gespeichert werden. Eine Permissioned Blockchain ist notwendig um Userberechtigungen und den Lesezugriff einschränken zu können.

Benötigt die Anwendung eine hohe Transaktionsrate?

Wie in Kapitel 5.1.1 erwähnt, verwenden Public Blockchains den schlecht skalierbaren Konsensmechanismus PoW. Bei automatisierten Systemen oder IOT-Anwendungen können hohe Transaktionsraten zu gesteigerten Kosten führen oder generell die Kapazität von Public Blockchains sprengen. Für einen derartigen Anwendungsfall eignen sich Permissioned Blockchains sehr gut, da wie in Kapitel 5.1.2 dargestellt, auf ein alternatives performanteres Konsensverfahren gebaut werden kann.

Die offene Fragestellung bezüglich der 'hohen Transaktionskosten', lässt einen vergleichsweise großen Spielraum potentieller Antwortmöglichkeiten zu. Allerdings kann davon ausgegangen werden, dass Personen die auf Grundlage der durch diese Frage gewonnenen anwendungsspezifischen Erkenntnisse, eine objektiv geeignete individuelle Lösung herbeiführen können.

Müssen Transaktionen autorisiert werden?

Das Wesen einer Public Blockchain ist, dass alle Personen sich uneingeschränkt an dem jeweiligen Netzwerk beteiligen können. Eine Einschränkung oder Bevorzugung von speziellen Usergruppen ist daher nicht vorgesehen.

Selbstverständlich können auch auf Public Blockchains Smart Contracts erstellt werden, denen Berechtigungen manuell hinzugefügt werden. In der Regel sind es spezielle Wallets, die spezifische Anweisungen geben dürfen. Ein Beispiel für diese Art der Implementierung einer Autorisierung ist das mittels Ethereum erstellte Artefakt, in Kapitel 5.6.1. Hier wird der Owner des Vertrags gespeichert, der berechtigt ist den Event-Trigger des Beispiel Smart Contracts aufzurufen. In Zeile 9 des Codebeispiels 6 wird die Sende-Adresse des Owners im Konstruktor des Smart Contracts gesetzt. Da die Konstruktor Methode nur initial aufgerufen wird, bleibt der Owner bzw. Creator erhalten. Da die Adresse aus einer Zahlen-/Ziffenkombination besteht biete es sich an einen besser lesbaren User Namen zu bestimmen, was derzeit nicht implementiert ist.

Die Blockchain als Grundlage für Smart Contracts bietet allerdings keine Permissions. Dieses Vorgehen sollte nur in Ausnahmefällen genutzt werden, da es fehleranfällig ist.

Die Berechtigungen von einzelnen Wallets können hard coded im Smart Contract implementiert werden. Dies führt dazu, dass der gesamte Smart Contract upgedated werden muss, wenn es eine Benutzeränderung geben sollte. Alternativ kann die Berechtigung über ein Oracle induziert werden. Hier besteht die Gefahr, dass diese Schnittstelle angegriffen wird und das gesamte Berechtigungskonzept ausgehebelt wird.

Wenn es notwendig ist Transaktionen zu autorisieren, eignen sich hierfür Permissioned Blockchains besser.

5.3 Auswahl des passenden Produkts

Die Literaturrecherche, dargestellt in Kapitel 3.2, hat ergeben, dass Ethereum die optimale Blockchain für Smart Contracts ist. Auf Basis dieses Ergebnisses, habe ich daraufhin mein Artefakt auf Grundlage von Ethereum erstellt.

Die Entscheidung Ethereum zu verwenden soll nicht darüber hinwegtäuschen, dass eine enorme Vielfalt an Blockchains zur Verfügung stehen, die alle über ihre jeweiligen Vor- und Nachteile verfügen.

Die geführten Interviews stellen ebenfalls die praktische Relevanz von Permissioned Blockchains dar. Die Nachteile von Public Blockchains im Bereich des Datenschutzes und der Skalierung, haben mich dazu bewogen ein zusätzliches Artefakt auf Basis einer Permissioned Blockchain zu erstellen.

Um die beschriebenen Einschränkungen zu umgehen und die Performance-Vorteile des BFT-Verfahrens voll zu nutzen, wird das von mir erstellte Artefakt die Permissioned Blockchain Hyperledger Fabric verwendet, was in Kapitel 5.3.2 näher erläutert wird.

5.3.1 Ethereum

Vitali Buterin, der Entwickler von Ethereum gibt in einem Interview eine knappe aber übersichtliche Definition von Ethereum:

> As a data structure, it works kind of the same way that Bitcoin works, except the difference in Ethereum is, it has this built-in programming language. (Buterin, V., 2019)

Ethereum hat, wie in dem Zitat verdeutlicht wird, große Ähnlichkeit zum Bitcoin-Netzwerk. Es verwendet genauso wie Bitcoin das Konsensverfahren PoW, welches in Kapitel 1.1 näher beschrieben wird. Dadurch, dass Ethereum derzeit auf dem PoW-Verfahren aufbaut, treffen sämtliche Nachteile, welche in Kapitel 3.1 beschrieben werden, auch auf einen Smart Contract in Ethereum zu.

Der größte Unterschied zu Bitcoin liegt aber in der Möglichkeit mittels domänenspezifischen Programmiersprachen die Transaktionen zu erweitern und Steuerungsmaßnahmen den Transaktionsdaten hinzuzufügen.

Die Grundlage von Ethereum ist die EVM (Ethereum Virtual Machine) was die Laufzeitumgebung für Smart Contracts auf Basis von Ethereum darstellt. Smart Contracts laufen innerhalb der EVM in einer Sandbox und können daher nicht direkt auf das Netzwerk, das zu Grunde liegende Filesystem oder auf andere laufende Prozesse zugreifen. Auch der Zugriff auf weitere Smart Contracts ist reglementiert und erfolgt nicht direkt.

Die Ethereum Virtual Machine

Die EVM ist dezentral und ohne zentrale kontrollierende Instanz. Änderungen am Core können nicht einfach gepusht werden, sondern müssen mittels eines Hard Forks erreicht werden, was eine politische Abwägung der unterschiedlichen Positionen und Wünsche der Teilnehmer und Teilnehmerinnen voraussetzt. Diese offene Konfiguration soll die Sicherheit des Systems sowie die maximale Uptime fördern und gleichzeitig vor Betrug schützen.(Dannen, 2017, p.8)

Die EVM muss von einem Knotenpunkt (einem Node) betrieben werden. Folgende sechs Ethereum Clients haben eine aktive Community und werden kontinuierlich weiterentwickelt:

- MetaMask (Chrome Extension)
- Aleth (ethereum/cpp-ethereum)
- Geth (ethereum/go-ethereum)
- Parity (paritytech/parity-ethereum)
- Pyethereum (ethereum/pyethereum)
- Pantheon (PegaSysEng/pantheon)

Jeder dieser Access Nodes zu der EVM hat spezifischen Vor- und Nachteile. Die simpelste Methode um einen Smart Contract aufzusetzen, ist mit MetaMask gegeben. Innerhalb des Browsers können Smart Contracts aufgerufen werden ohne einen kompletten Ethereum Node zu laden.

Mittels MetaMask können Smart Contracts vollständig angesprochen werden; es können daher Ether empfangen, gesendet und es können Accounts angelegt werden.

Dass über MetaMask nicht die gesamte Ethereum Blockchain heruntergeladen wird, hat einerseits den Vorteil, dass die Ladezeit sehr kurz ist und die gesamte Instanz schnell im Browser läuft. Andererseits ist es dadurch nicht möglich zu minen, das heißt fremde Transaktionen zu verifizieren oder Ether zu generieren.

Eines der aktivsten Ethereum Client Projekte ist Alteth mit 33.500 Commits und 134 Contributors. Es basiert auf C++ und ist für den Produktivbetrieb geeignet. Das reine Minen ist über den Aleth Client nicht zielführend, da das schnellere Minen über die GPU in ein eigenes Projekt namens EthMiner(EthMiner, 2019) ausgelagert wurde.

Geth basiert auf der Programmiersprache Go und hat mit 405 Contributors auf Github die größte Community. Geth bietet in dem jeweiligen zu verwirklichenden Projekt vorkonfigurierte

Docker Container an, welche sich für Microservice Anwendungen oder eine schnell aufgesetzte Entwicklungsumgebungen hervorragend eigenen.

Die Website ethcore.io ist ein privates Ethereum-Unternehmen, das von Garvin Wood, dem Yellow Paper Autor zu Ethereum, gegründet wurde.(Wood et al., 2014) Er hat auch den Grundstein zu dem in der Programmiersprache Rust programmierten Ethereum Client Parity gelegt, welcher äußerst performant und schnell läuft. Das Programm wurde auf Windows, MacOs, Linux und Docker-Container portiert, sodass es Betriebssystemübergreifend anwendbar ist.

Pythereum ist ein Client Node auf Python Basis und ist nicht zu verwechseln mit der Smart Contract Sprache Serpent, dessen Syntax große Ähnlichkeit zu Python hat.

Um Java Entwicklerinnen und Entwickler nicht Außen vor zu lassen gibt es darüber hinaus das Projekt Pantheon, das einen Ethereum Node Client auf Java Basis zur Verfügung stellt.

Smart Contracts für die EVM

Um Smart Contracts für Ethereum und die EVM zu schreiben ist man nicht darauf angewiesen Assembler Befehler direkt an die EVM zu senden. Es können eigens geschaffene Programmiersprachen - wie Mutan, LLL, Serpent, Vyper oder Solidity - verwendet werden. (Wood et al., 2014, p.3) Sämtliche dieser Programmiersprachen sind Sprachen höheren Levels die in EVM-Bytecode kompiliert werden müssen.

Mutan war eine Smart Contract Sprache die von Go inspiriert ist. Allerdings wurde dieses Projekt bereits 2015 eingestellt. (Tual, S., 2019)

LLL ist eine Lisp ähnlich Sprache die nur von einer kleinen Community entwickelt wird. Dementsprechend wenig Features werden implementiert und Bugs werden nur langsam gefixt. Buterin nennt LLL im Jahr 2015 eine lediglich simple minimalistische Programmiersprache und empfiehlt die Programmiersprache Serpent zu verwenden:

> LLL was always meant to be very simple and minimalistic; essentially just a tiny wrapper over coding in ASM directly. In my opinion just use serpent; it has direct access to opcodes so it is a superset of LLL but it also has a whole bunch of high-level features as well for when you want them. The downside is that the compiler is more complex and so theoretically might contain more bugs.(Buterin, V., 2015)

Serpent ist an den Syntax der Programmiersprache Python angelehnt. Es werden die gleichen Definitionen für Klassen, Funktionen und Methoden verwendet. So ähnlich der Syntax zu Python ist, so fundamental ist der Unterschied in der Kompilierung des Codes. Beispielsweise werden in Serpent keine Dezimalzahlen verarbeitet. Außerdem werden sämtliche Zahlen in Teilmengen von 2^{256} gerechnet. Dies führt dazu, dass es zu unerwarteten Berechnungen bei hohen Zahlen kommt. Die Berechnung von $3^{2^{256}}$ ergibt daher keinen Error, weil die Zahl zu groß wäre, sondern es ergibt den Integer Wert 1.(Serpent, 2019)

Aufgrund des direkten Zugriffs auf opcode handelt es sich um eine prozessornahe Programmiersprache mit zusätzlichen Features einer hohen Programmiersprache. (Buterin, V., 2015) Das bedeutet implizit, dass viele Fehlerquellen bei der Erstellung von Smart Contracts möglich sind, welche eventuell durch Programmiersprachen mit einem höheren Abstraktionslevel vermieden werden können. Aus diesem Grund wähle ich neben Solidity auch Serpent um Hürden bei der Implementierung von Smart Contracts in Kapitel 5.4 zu beschreiben.

Das oben genannte Zitat von Buterin über die Nachteile des komplexeren Compilers hat sich als zutreffend erwiesen. Das Programmiersprachen-Audit aus dem Jahr 2017 kommt zu dem Schluss, dass der Compiler der Programmiersprache Serpent acht Fehler mit kritischem Schweregrad, zehn mit hohem und etliche Fehler mit mittlerem und schwachem Schweregrad aufweist. (Araoz, M, 2019)

Im Sommer 2018 wurde die alternative - auch an Python angelehnte - Programmiersprache Vyper veröffentlicht, welche die Fehler von Serpent vermeiden soll. (Github Vyper, 2019) Das Projekt befindet sich derzeit - Anfang 2019 - noch immer in einer Beta Phase und ist für den Produktiveinsatz nur bedingt bereit.

Solidity hat sich in den letzten Jahren als de facto Standard etabliert um Smart Contracts zu erstellen. (Dannen, 2017, p.18) Der Syntax basiert auf JavaScript. Die Sprache unterscheidet sich aber fundamental von JavaScript, da Solidity weder eine Skriptsprache ist, noch klassenlos sein kann. Es handelt sich um eine objektorientierte Programmiersprache, die statisch typisiert ist. (Dannen, 2017) Es ist sogar möglich Assambler Code zu schreiben, um die bereitgestellten Opcodes von EVM direkt anzusprechen. Dafür muss lediglich die Funktion $assembly\{0x00\}$ verwendet werden und der entsprechende Opcode - in diesem Beispiel die Funktion 'Stop'. Eine vollständige Liste der Opcodes ist auf der Webseite ethervm.io zu finden. Da die Programmiersprache Solidity - wie auch die zuvor beschriebenen Programmiersprachen - unter einer Open Source Lizenz veröffentlicht wurden, kann diese Sprache kopiert und in manipulierter Form erneut veröffentlicht werden. Dies führt dazu, dass es alternative Formen von Solidity gibt.

Transaktionsgebühren

Wenn eine Person eine beliebige Transaktion innerhalb des Ethereum Netzwerks anstößt benötigt die EVM eine kleine Gebühr um den Prozess zu verarbeiten.

Die Gebühr entsteht durch den Berechnungs- und Speicheraufwand, der beim Netzwerk anfällt. Diese im Voraus gezahlt Gebühr der Person die den Smart Contract aufruft hat zwei Funktionen: Einerseits ist es eine Bezahlung der Miner, dass sie Rechenaufwand und einen Speicheraufwand betreiben. Andererseits ist es eine Absicherung, dass Transaktionen nur so lange andauern wieviel auch zuvor eingezahlt wurde. Dieses Vorgehen trägt dazu bei, dass Rechnerkapazitäten schonend eingesetzt werden und dass Endlosschleifen verhindert werden.

Bei der Erstellung von Smart Contracts wird jeder Berechnungsschritt mit Kosten verbunden. Eine simple Transaktion von Daten kostet daher weniger als ein komplexer Smart Contract Prozess.

Da der Wert von Ether aufgrund des täglichen Handelns stetig schwankt, werden die Transaktionsgebühren nicht direkt als Ether gehandelt. Die anfallenden Kosten werden gemeinhin als eigenständige Einheit 'Gas' bezeichnet und werden in Wai verrechnet, der kleinsten Währungseinheit von Ethereum. Der Wert von einer Gas Einheit wird extra berechnet und ist daher nicht an den Ethereum Preis gekoppelt.

Vor jeder Transaktion ist der User verpflichtet einen maximalen Gas Preis für die Transaktion angeben. Es muss demnach ein Mindestwert an Ether auf der ausführenden Wallet vorhanden sein um eine Smart Contract Transaktion durchführen zu können.

5.3.2 Hyperledger Fabric

Hyperledger Fabric ist ein Projekt unter der Marke Hyperledger. Hyperledger ist ein Dachprojekt das mehrere Blockchain Projekte unter sich vereint. Das 2015 von IBM gegründete Projekt, welches unter der Linux Foundation geführt wird, vereint derzeit fünf Frameworks sowie fünf Hilfsmittel für die Verwaltung von Blockchains:

Frameworks und Blockchains:

- Hyperledger Burrow
- Hyperledger Fabric
- Hyperledger Iroha
- Hyperledger Sawtooth
- Hyperledger Indy

Tools und Hilfsmittel:

- Hyperledger Caliper
- Hyperledger Cello
- Hyperledger Composer
- Hyperledger Explorer
- Hyperledger Quilt

Die umfassende Infrastruktur und die ausgereiften Entwicklungs-Tools, wie 'Hyperledger Composer', ermöglichen Entwicklerinnen und Entwicklern ein sicheres und fehlerfreies Arbeiten durch eine Modellierungssprache, welche sich auf unterschiedliche Blockchain-Lösungen anwenden lässt.

Hyperledger Fabric ist ein Permissioned Blockchain Framework, welches als Open Source Software zur Verfügung steht und unterschiedliche Konsensmechanismen unterstützt. Dieses Framework grenzt sich von bisher bestehenden Blockchain Technologien ab, indem die verfassten Smart Contracts keine domänenspezifische Programmiersprache und keine spezielle Blockchain als Grundlage benötigen. (Androulaki et al., 2018)

Diese Vielfalt der Nutzung von unterschiedlichen Konsensverfahren, welche in Kapitel 5.1.2 näher beschrieben werden, haben mich überzeugt Hyperledger Fabric als Grundlage für das Artefakt zu wählen.

5.4 Hürden bei der Implementierung von Smart Contracts

Smart Contracts gelten als nicht besonders fehlertolerant. Kleinste Fehler können bereits zu Geldverlusten bzw. zu einem Programmstatus der in einem Deadlock endet, führen.

Hinzu kommt, dass nicht nur in Public Blockchains wie Ethereum, sondern auch in Permissioned Blockchains wie Terndermint, Blockchain-spezifische Programmiersprachen für Smart Contracts vorausgesetzt werden.

Die Fehleranfälligkeit durch nicht standardisierte Programmiersprachen ist somit erhöht. Dies betrifft einerseits die Anwenderinnen und Anwender, die Smart Contracts verfassen und mit der Programmiersprache nicht ausreichend vertraut sind. Andererseits ist somit auch die Programmiersprache selbst nicht sicher, da wesentlich weniger Reviews durchgeführt werden.

Delmolino beschreibt in seiner Publikation Lehrexperimente an Studierenden, welche Programmieraufgaben bewältigen mussten. Unter anderem waren zwei der häufigsten Fehler die unvollständige Abhandlung von Exits und fehlerhafter Umgang mit Verschlüsselungstechnologie. (Delmolino et al., 2016)

Um diese Hürden zu veranschaulichen, verwende ich stets Auszüge aus vereinfachten Smart Contracts auf Basis einer Ethereum Blockchain. Für diesen Zweck verwende ich die Programmiersprache Solidity und Serpent.

Der Syntax von Serpent ist dem von Python sehr ähnlich. Zu beachten ist, dass die verwendeten Codebeispiele nicht in Javascript oder Python geschrieben sind, sondern Solidity bzw. Serpent verwendet werden. Details zu Etherum und den zu verwendenden Programmiersprachen sind im Kapitel 5.3.1 dargestellt.

5.4.1 Unvollständige Abhandlung von Exits

Die unvollständige Abhandlung von Exits ist ein trivialer, aber häufiger Fehler. Dieser Fehler führt dazu, dass Geldbeträge in einem Smart Contract eingeschlossen werden, aber kein Zugriff darauf erfolgen kann.

Als Beispiel zur Behandlung von fehlerhaften Exits dient eine Implementierung einer simplen Lotterie. Es gibt n Spielerinnen[1], die jeweils einen bestimmten Geldbetrag an den Smart Contract überweisen. Wenn die maximale Teilnehmerinnenanzahl erreicht wurde, wird per Zufall eine Spielerin bestimmt, die den gesamten Geldbetrag im Topf erhält.

Die Initialisierung einer Spielerin wird im Code Beispiel 1 dargestellt. Die Funktion $initialize\_player()$ prüft ob das Limit an Spielerinnen bereits überschritten wurde - in diesem konkreten Beispiel ob zehn Spielerinnen dem Spiel bereits beigetreten sind. Außerdem wird überprüft ob der vereinbarte Einsatz geleistet wurde - in diesem Beispiel 1000 Wei (Ein Wei ist die kleinste Geldeinheit bei Ethereum). Bei Nichterfüllung wird der Prozess mit $reutrnfalse$ abgebrochen. Wenn die Bedingung erfüllt ist, wird dem Pot der Einsatz zugewiesen und die

[1] Ich verwende in diesem Text, der besseren Lesbarkeit wegen, jeweils die weibliche Form, anstatt geschlechtergerechte Sprache zu verwenden.

Spielerin wird in eine Adressliste der möglichen Gewinnkandidatinnen aufgenommen.

```
1 function initializePlayer() {
2     if (numPlayers < 10 && msg.value >= 1000) {
3         pot += 1000;
4         player[numPlayers].address = msg.sender;
5         numPlayers = numPlayers++;
6         return true;
7     }
8     else
9         return false;
10 }
```

Quellcode 1: Fehlerhafte Initialisierung von Spielern

Der Fehler an diesem Programm ist die unvollständige Behandlung bei Nichterfüllung oder Übererfüllung der Bedingungen.

Eine Spielerin soll nur dann in die Lotterie aufgenommen werden, wenn sämtliche Bedingung erfüllt sind. Bei Nichterfüllung der Voraussetzungen wird lediglich ein Error Wert zurückgegeben. Wenn eine Person zu wenig Wei einsetzt oder die Höchstanzahl an Spielerinnen überschritten ist, bleibt der Einsatz der Spielerin, trotz des Fehlercodes, im Smart Contract und ist somit verloren. (Delmolino et al., 2016)

Jede teilnehmende Person kann leicht darauf achten genau 1000 Wei als Einsatz an die Wallet zu senden um dem Totalverlust zu entgehen. Es gibt allerdings keine eindeutige Absicherung, ob die Höchstspielerinnenanzahl nicht bereits überschritten wurde. Dadurch, dass die Auswahl der zu bearbeitenden Transaktionen nicht chronologisch erfolgen, ist es unmöglich auszuschließen, dass eine andere Spielerin nicht vorgereiht wird.(Buterin et al., 2014)

Außerdem werden in Zeile 3 exakt 1000 Wei dem Pot hinzugefügt. Wenn eine Spielerin versehentlich mehr als die angegebenen 1000 Wei übermittelt, wird der überschüssige Betrag in der Wallet eingeschlossen.

Um diesen Lock In des Geldbetrags zu vermeiden, muss vor der Fehlermeldung eine Rücküberweisung erfolgen. Außerdem müssen die Bedingungen exakt definiert werden, um einen Eingabefehler des Users zu vermeiden.

Das Lotterieprogramm zur Initialisierung der Spielerinnen muss demnach, wie in dem korrigierten Lotterie Beispiel 2, geändert werden. Die Änderung in Zeile 3 zeigt die exakte Spezifizierung der Annahmebedingung und in Zeile 8 wird die Rücküberweisung initialisiert.

```
1 function initializePlayer() internal returns (bool initialized) {
2     if (numPlayers < 10 && msg.value == 1000) {
3         pot += 1000;
4         player[numPlayers].address = msg.sender;
5         numPlayers = numPlayers++;
6         return true;
7     }
```

```
    else{
        send(msg.sender, msg.value);
        return false;
    }
}
```

Quellcode 2: Korrigierte Initialisierung von Spielern

Das Spiel endet daher nicht einfach mit einem Fehlercode und dem vernichteten Geldbetrag, sondern retourniert sämtliche eingezahlten Beträge an die Adressatinnen.

Dieses triviale Beispiel zeigt die weitreichenden Konsequenzen bei fehlerhaften oder nicht ausreichend durchdachten Smart Contracts.

5.4.2 Unverschlüsselte Datenübertragung

Als weiteres anschauliches Beispiel wähle ich, das Spiel 'Schere, Stein, Papier', umgesetzt als Smart Contract. Maximal zwei Spielerinnen senden somit einen gewissen Geldbetrag und eines von drei Zeichen für Stein, Schere oder Papier an den Smart Contract. Die Gewinnerin erhält den gesamten Topf, die Verliererin nichts. Bei einem Patt erhalten beide Parteien ihren Einsatz zurück.

Wenn die Übertragung in Klartext erfolgt, ist bereits Tür und Tor für Betrug geöffnet worden.

Da sämtliche Transaktionen in einer Public Blockchain veröffentlicht werden, muss die betrügerische Mitspielerin nur ein wenig länger warten und als Zweite ihren Einsatz setzen. Nach dem Einsatz der ersten Spielerin, kann die betrügerische Spielerin einsehen was ihre Mitspielerin gesetzt hat und somit sicher gewinnen.

Die zuverlässige Reaktion auf diese Art von Betrug ist Verschlüsselung.

Das Verschlüsselungsverfahren muss in zwei aufeinander folgenden Schritten erfolgen. Die spielenden Personen müssen den Einsatz verdeckt setzen und erst zu einem späteren Zeitpunkt den Einsatz sichtbar machen. Zusätzlich muss sichergestellt werden, dass der spielende User den gesetzten Einsatz im Nachhinein nicht ändern kann.

Der verdeckte Einsatz stellt sicher, dass eine betrügerische Mitspielerin die Übertragung überwachen kann und trotzdem keinen Vorteil daraus ziehen kann. Zusätzlich muss sichergestellt werden, dass eine Spielerin nachdem die Einsätze entschlüsselt wurden, die veröffentlichten Werte nicht mehr ändern kann. Delmolino et al. (2016) verwenden hierfür eine simple Hash Verschlüsselung in ihrem Beispiel eines sicheren Smart Contracts. Um eine Message m zu übertragen, benötigt man eine $nonce$, eine einmalig verwendete Zahl, in ausreichender Länge um das Ergebnis zu ermitteln $H(m, nounce)$. (Delmolino et al., 2016, p. 85)

Zusätzlich muss sichergestellt werden, dass eine betrügerische Mitspielerin den zweiten Schritt nicht einfach abbricht. Wenn die Verliererin ihre aufdeckende Transaktion nicht durchführt verhindert sie dadurch die Zahlung an die Gewinnerin. Dieses Verhalten erscheint auf den ersten Blick sehr unwahrscheinlich. Aber da, wie in Kapitel 5.3.1 erwähnt wird, für jede einzelne Transaktion auf der Ethereum Blockchain 'Gas' investiert wird, muss der verlierende

Part eine kleine Menge Ethereum investieren um der Gewinnerin den Gewinn zu ermöglichen. Diese versteckten Kosten führen dazu, dass sich Personen nicht wie erwartet verhalten.

In dem Beispiel von 'Schere, Stein, Papier' kann das destruktive Verhalten sanktioniert werden, indem ein fixer Zeitpunkt definiert wird, nachdem der gesamte Betrag an die Spielerin ausgezahlt wird, die als erster aufgedeckt hat.

Das Code Beispiel 3 zeigt einen Teil der Initialisierung einer Spielerin des zuvor beschriebenen Spiels. Auf Zeile 2 erfolgt die Verschlüsselung mittels $sha3$ Funktion. Die *If-Abfrage* prüft, ob ein Commitment noch nicht aufgedeckt wurde. Sofern das noch nicht der Fall war, erfolgt das in Zeile 4. In Zeile 5 wird die Wahl $choice$ ob Stein, Schere oder Papier gewählt wurde in plaintext gespeichert. Um einen Timer zu starten wird der Block der erfolgten Transaktionen in Zeile 7 und 8 aufgezeichnet. Dies ist notwendig um den gesamten Betrag an die erste Spielerin auszuschütten sofern die zweit Spielerin ihre Wahl nicht aufdeckt.

```
1
2 if sha3([msg.sender, choice, nonce], items=3) == player[player_num].commit and
    not player[player_num].has_revealed:
3
4     player[player_num].has_revealed = 1
5     player[player_num].choice = choice
6
7     if not timer_start:
8         timer_start = block.number
9
10    return(0)
11 else:
12    return(-1)
```

Quellcode 3: Codebeispiel einer Verschlüsselten Wahl und eines Timers, nach Delmolino et.al (2016)

Ich verwende in Quellcode Beispiel 3 alleine zu Demonstrationszwecken die Programmiersprache Serpent, da diese auch von Delmonlino et al. (2016) verwendet wird. Die Verwendung von Serpent soll nicht als Empfehlung gewertet werden, sondern veranschaulicht die Unabhängigkeit der Programmiersprache in der Verwendung von Smart Contracts.

Es muss allerdings beachtet werden, dass dieses einfache Vorgehen nicht für alle Smart Contract Designs verallgemeinerbar ist. Diese Lösung ist nicht für Smart Contracts geeignet, wenn die Antworten der Teilnehmerinnen sich gegenseitig bedingen oder ein Verlust geltend gemacht wird und kein Gewinn ausgeschüttet wird. Außerdem muss erwähnt werden, dass die Hürden von unverschlüsselter Datenübertragung nicht ausschließlich für den Bereich Smart Contracts gilt, sondern verallgemeinerbar ist.

5.4.3 Coding Empfehlungen für Ethereum

Anhand des Ergebnisses des geführten Interviews mit dem Developer der Immobilienplattform 'reposee', zu finden in Kapitel 4.2.2, habe ich Empfehlungen für das Programmieren in Ethereum aufgegriffen und die im Interview angesprochenen Fallstricke thematisiert und analysiert.

Sprachspezifisches und Frameworks

Die Verwendung von Frameworks wie Truffle auf Basis von Solidity können Fehler bereits intern behandeln oder durch Fehlermeldungen beim kompilieren auf eine Fehlkonfiguration aufmerksam machen. Die Verwendung von Frameworks wie Truffle (*truffle.js*, 2019) und Web3 (*web3.js*, 2019) sind daher zu empfehlen.

So kann die Funktionalität von Beispiel 2 auf Seite 42 vereinfacht werden, indem sprachspezifische Funktionen wie $required()$, $revert()$ oder $assert()$ verwendet werden. Dies vermeidet Fehler in Bezug auf die Rückabwicklung von Smart Contract Funktionen.

Die Funktion $require()$ sollte für Prüfungen von Inputs verwendet werden. In dem Beispiel der Initialisierung der Lotto Spielerinnen sollte daher die Funktion, wie in Codebeispiel 4, geändert werden um automatisiert die Rückabwicklung vorzunehmen.

```
function initializePlayer() public returns (bool initialized) {
    require(numPlayers < 10, "Number␣of␣persons␣reached");
    require(msg.value == 1000, "Amount␣of␣Wai␣not␣valid");
    ...

}
```

Quellcode 4: Beispiel für require und User Input Prüfung

Die Funktion $require()$ wird in der EVM zu einer $REVERT$ Anweisung in opcode transformiert. Dies führt dazu, dass verwendetes Gas refundiert wird. Es gibt zusätzlich den Vorteil bei der Verwendung einen Fehlergrund hinzuzufügen, weshalb in Beispiel 4 auch die Bedingung in zwei getrennte Teile zerlegt wurde.

Im Gegenzug zur $require()$ setzt $assert()$ einen ungültigen opcode ab, was zu einem Abbruch führt. Es sollte daher für Bedingungen verwendet werden, die nur durch schwere Manipulation erfüllt werden können. Dieser Abbruch der Funktion resultiert im kompletten Verbrauch des eingesetzten Gas.

Ein Abbruch bzw. ein unsauber erstellter Smart Contract führt daher zu effektiven Kosten für die User. Die Funktion $revert()$ sowie $require()$ führt zwar zu einem Funktionsabbruch, aber das nicht verwendete Gas wird an den User retourniert. Sofern möglich und sinnvoll ist es daher die Funktion $require()$ der Funktion $assert()$ oder einem $throw()$ vorzuziehen.

Es gibt in Ethereum auch sprachspezifische Unterschiede zwischen den Funktionen $send()$, $transfer()$, und $call.value()()$.

Die Funktion $customAddress.transfer(val)$ ist ident mit dem Funktionsaufruf $require(customAddress.send(val))$. Wenn das Senden fehlschlägt, beispielsweise durch eine fehlerhafte Adresse, wird der gesamte Vorgang rückabgewickelt.

Im Gegensatz dazu stellt die Funktion $customAddress.call.value(val)()$ das gesamte Gas der aufrufenden Adresse zur Verfügung und überprüft das Ergebnis nicht.

Clean Code

Jeder externe Aufruf hat theoretisch die Möglichkeit schadhaften Code in den Smart Contract einschleusen. Unabhängig davon, ob es sich um einen externen Smart Contract oder um ein Relais welches einen Smart Contract aufruft handelt, sollte immer die Sicherheit im Zentrum der Erstellung stehen und die potentielle Gefahr im Code vermieden oder auf diese hingewiesen werden.

Es sollten, nicht nur im Bezug auf Smart Contracts, die Prinzipien von sauberen Code nicht verletzt werden. So ist es in Solidity, wie in jeder anderen Programmiersprache auch, die sinnvolle Benennung von Funktionen und Variablen besser, als Kommentare im Code zu notieren.

Vor allem Aufrufe aus unbekannten und nicht geprüften Quellen sollten als solche bezeichnet werden, sodass im gesamten Code klar dokumentiert ist, dass es sich um eine externe Quelle handelt. Dies erfolgt idealerweise über die Verwendung von sprechenden Variablen und Funktionen. Für ein Abrufen von Ether aus einer ungeprüften Quelle kann zum Beispiel die Bezeichnung $untrustedSource.send(1000)$ verwendet werden.

In erster Linie sollte immer abgewogen werden, ob ein externer Aufruf notwendig ist um zu implementieren. Des Weiteren muss darauf geachtet werden, ob die externe Quelle geprüft wurde und vertrauenswürdig ist.

Ein weiteres Merkmal für sauberen Code ist die explizite Sichtbarkeitsdarstellung von Funktionen und das Ausweisen derer Return-Funktionen.

In Solidity gibt es folgende Möglichkeiten der Sichtbarkeit:

- $external$ Funktionen sind Teil des Smart Contract Interfaces und können ausschließlich extern aufgerufen werden
- $public$ Funktionen können intern und extern aufgerufen werden
- $internal$ sind nur intern aufrufbar
- $private$ Funktionen sind nur intern sichtbar

Wie in Codebeispiel 1 gezeigt, ist die Funktion ohne Sichtbarkeit ausgezeichnet. Der Default von nicht spezifizierten Funktionen ist public. Bei public functions kommt hinzu, dass der Returnwert angegeben werden sollte um den Smart Contract auch für weitere Programmiererinnen und Programmierer nutzbar zu machen.

Diese Auslassung wurde in Codebeispiel 2 auf Seite 42 komplettiert. Es handelt sich, wie angegeben, um eine private Funktion, die nur innerhalb des beinhaltenden Smart Contracts ausgeführt werden kann, wobei die Returnwerte ausschließlich einen boolschen Wert annehmen können.

An dieser Stelle muss angemerkt werden, dass Variablen und Funktionen als 'private' gekennzeichnet sind nicht uneinsehbar von externen Stellen sind. Das liegt daran, dass die gesamte Blockchain öffentlich ist.

5.5 Schnittstellen und Oracels

Aufgrund des deterministischen Verhaltens der Blockchain Technologie können einem Smart Contract keine Listener hinzugefügt werden. Soll daher ein Methoden-Aufruf eines Smart Contracts erfolgen, sofern ein externes Ereignis eintritt, kann dies nicht direkt im Smart Contract abgehandelt werden. Es muss ein Relais implementiert werden, das die externen Daten verarbeitet und beim Eintreten des definierten Ereignisses die entsprechenden Methoden im Smart Contract aufruft.

Diese Art der Verarbeitung von externen Daten wird als 'Oracle' bezeichnet. (Bartoletti & Pompianu, 2017, p. 503)

Da als Ergebnis der Literaturrecherche und der Interviews die jeweilige Anwendung und deren Anforderungen als wesentliche Voraussetzung des spezifischen Smart Contracts angesehen wird, wähle ich als fiktives Beispiel einen Smart Contract der eine automatisierte Ausschüttung von Prämien an teilnehmende Landwirtinnen und Landwirte vornimmt, sobald Wetterdaten einen zuvor definierten Wert übersteigen.

Das Codebeispiel 5 zeigt eine Übertragung von Wetterdaten an einen Smart Contract, wenn die Temperatur an einem bestimmten Ort 35 Grad Celsius überschreitet. Dieser Prüfvorgang erfolgt alle zehn Sekunden. Es wird das gesamte API Objekt an den Smart Contract übergeben, welcher die Daten entsprechend verarbeitet und die vorweg definierte Methode zur Ausschüttung der Prämie ausführt.

```
setInterval(() => {
let maxKelvin = 308.15;
https.get(weatherDataApi, (res) => {
res.on('data', (d) => {
if ( d.main.temp > maxKelvin ) {
contract.callSmartContractFunction (d, {from: App.web3Provider[0]});
}
});
});
}, 10000);
```

Quellcode 5: Beispiel eines simplen Oracles an einen Smart Contract

In Codebeispiel 5 werden die entsprechenden Wetterdaten erst an den Smart Contract geschickt, wenn ein gewisses Ereignis eingetreten ist. Die Logik wird daher bereits im aufrufenden Service abgehandelt und nicht im Smart Contract.

Hofsäss (2018) weist darauf hin, dass die Verwendung von zentralisierten Oracles ein Manipulationsrisiko aufweist und fügt hinzu, dass die Idee einer dezentralen Blockchain mittels eines zentralen Entscheidungspunktes untergraben wird. (Hofsäss, 2018)

Wenn die Logik zum Aufruf der Smart Contract Methode im Oracle abgebildet wird, ist das Vorgehen nicht mehr für alle Teilnehmerinnen und Teilnehmer des Smart Contract Services transparent einsehbar. Der Vorteil der Transparenz eines Smart Contracts ist auch in Codebeispiel 5 eingeschränkt, da der Code öffentlich nicht einsehbar ist und keine Sicherheiten bezüglich der korrekten Weitergabe der Wetterdaten an den Smart Contract existieren. Es ist eine Vertrauensfrage, ob die Wetterdaten akkurat weitergegeben werden oder ob das Service auch regelmäßig ausgeführt wird und ob der Code nicht manipuliert wurde.

Es muss je nach Anwendungsfall abgewogen werden, ob die Logik in das Oracle oder im Smart Contract zu implementieren ist. Da für jeden Aufruf eines Smart Contracts eine Bezahlung in Form von Gas erfolgen muss, ist es eine Kostenfrage, ob sämtliche Logik im Smart Contract selbst abgebildet wird.

Wenn die entscheidende Betriebslogik nicht in einem Smart Contract abgebildet ist, sondern sämtliche Steuerungen über eine zentrale Stelle erfolgen, ist der Vorteil des verteilten Services der Blockchain nicht mehr gegeben. Diese zentrale Stelle stellt einen Single Point of Failure dar und ist dadurch ein attraktives Ziel für Hacking Attacken.

5.5.1 Kategorisierungen von Oracles

Um eine Taxonomie von Oracles zu definieren hat Gatteschi et al (2018) eine Kategorisierung von Oracles vorgestellt. Basierend auf der Art der Information und der Interaktion mit dem Smart Contract können laut Gatteschi et al. (2018) Oracles in fünf Gruppen eingeteilt werden:

- Software Oracles
- Hardware Oracles
- Inbound Oracles
- Outbound Oracles
- Konsensbasierte Oracles

(Gatteschi et al., 2018, p.5)

Gatteschi et al. unterscheiden somit jeweils zwei Arten von Informationsgewinnung (Software und Hardware), sowie zwei Arten der Interaktionsrichtung (Inbound und Outbound).

Software Oracles extrahieren Informationen aus Webressourcen, wie es auch im Beispiel 5 exemplarisch dargestellt wird.

Hardware Oracles beziehen ihre Informationen von Hardware Devices. Das sind meistens Sensoren, wie zum Beispiel Temperatursensoren oder auch Tracking Devices innerhalb einer Supply Chain.

Informationen die an einen Smart Contract gesendet werden, bezeichnet das Team um Gatteschi (2018) als Inbound Oracle. Sofern Daten eines Webservices aus der Blockchain gelesen werden, wird dieses als Outbound Oracle bezeichnet.(Gatteschi et al., 2018)

Basierend auf dieser Definition gliedert sich das Codebeispiel 7 auf Seite 52 des erstellten Ethereum Artefakts in drei Kategorien, nämlich ein Inbound/Outbound/Software-Oracle.

Um den Single Point of Failure und das Manipulationsrisiko eines Oracles zu minimieren, kann ein konsensbasiertes Oracle hilfreich sein. Dabei müssen mehrere Oracles einen Smart Contract mit Daten beliefern.(Gatteschi et al., 2018) Erst bei einem Konsens wird der externe Wert im Smart Contract angenommen und verarbeitet. Zum Beispiel müssen mindestens vier von fünf Oracles denselben Wert liefern um einen Konsens zu erzielen und eine Ausschüttung anzustoßen. Dieser Konsensmechanismus kann beliebig erweitert werden, indem beispielsweise a priori Gewichtungen von einzelnen Oracles vorgenommen werden.

Vereinfachungen

Da das Erstellen von Smart Contracts zum Teil mit Programmieraufwand verbunden ist, konnten sich Unternehmen und spezifische Anwendungen etablieren, die diese Arbeitsschritte vereinfachen und automatisieren.

Wie die Literaturrecherche in Kapitel 3.1.6 ergibt, wird ein Großteil der Oracles mittels der externen Anwendung Oraclize(Oraclize, 2019) erstellt. (Bartoletti & Pompianu, 2017, p.503)

Es gibt keine technische Notwendigkeit Oraclize[2] zu verwenden. Aber über Serviceanbieter wie Oraclize können Mailservices einfach definiert, oder Scheduler eingestellt werden. Oraclize stellt außerdem eine Vielzahl an APIs zur Verfügung, die ohne Anpassungen direkt übernommen werden können und es ist möglich ein konsensbasiertes Oracle mit wenigen Klicks aufzusetzen.

Dieser Komfort geht allerdings damit einher, dass die Daten von einem zentralen externen Dienstleister verarbeitet werden müssen, was im Kapitel 5.6.2 als sicherheitstechnisch und auch datenschutzrechtlich bedenklich eingestuft wird.

Es ist daher eine anwendungsspezifische Abwägung erforderlich, ob man einen externen Dienstleister für die Verarbeitung von Smart Contracts einbinden möchte.

5.6 Schnittstellen zu Ethereum

Wie in Kapitel 5.3 beschrieben, implementiere ich das Artefakt auf Basis der Blockchain Ethereum.

In erster Linie ist ein Ethereum Client notwendig, um auf die virtuelle Maschine von Ethereum zuzugreifen, da die EVM nicht über HTTP mit dem Internet verbunden ist.(Dannen, 2017) Durch diese Konstruktion ist ein vielfältiger Zugriff auf die EVM gewährleistet. Der Zugriff über die Schnittstelle des Ethereum Clients ist notwendig, um Transaktionen vornehmen zu können und Smart Contacts einzuspielen. Ein Ethereum Client bietet in erster Linie einen Aufruf in der Konsole an, um Daten der EVM anzusprechen.

[2]Zur Zeit der Erstellung der Master Arbeit hat oraclize.it sein Firmenprofil erneuert. Die Firma wurde in Provable umbenannt. Die Services sollen angepasst werden, sind aber derzeit noch ident zum bisherigen Angebot. Aus diesem Grund wird noch den ursprüngliche Name des Unternehmens verwendet.

Tabelle 3: Abdeckung der Protokolle anhand von Ethereum Clients

	Aleth	**Geth**	**Pyethereum**	**Parity**	**Pantheon**
JSON-RPC	j	n	n	n	n
JSON-RPC 2.0	j	j	j	j	j
Batch requests	j	j	j	j	j
HTTP	j	j	j	j	j
IPC	j	j	n	j	n
WS	n	j	n	j	j

Da das ein sehr aufwändiger Prozess ist, haben sämtliche Ethereum Clients komfortablere Zugänge geschaffen, um die Verbindung zwischen User bzw. Webservice und EVM herzustellen.

Das zu verwendete Protokoll wird von der jeweiligen Client Software bestimmt. Somit werden je nach verwendeten Client unterschiedliche Möglichkeiten angeboten, um Smart Contracts innerhalb der Ethereum Blockchain anzusteuern.

In Tabelle 3 ist der Support der unterschiedlichen Protokolle übersichtlich dargestellt.

Das Protokoll JSON-RPC 2.0 ist als Basis für API Calls gut geeignet, da es von der gesamten vorgestellten Auswahl an Ethereum Clients unterstützt wird.

JSON RPC 2.0 kann über HTTP, WebSockets oder IPC (Unix Sockets) freigegeben werden. Mittels Geth können die Freigaben granular eingestellt werden. So ist per Default ausschließlich IPC freigeschaltet. WebSockets sowie das HTTP Protokoll müssen aus Sicherheitsgründen manuell aktiviert werden.

Diese Sicherheitsfreigabe ist wichtig, da ein offener HTTP oder WebSocket Port es vereinfacht den Node zu übernehmen und Daten auf der EVM zu manipulieren.

Anhand der Tabelle 3 kann gezeigt werden, dass jeder Ethereum-Client die Möglichkeit bietet über ein Webservice angesprochen zu werden. Dies ist auch der herkömmliche Vorgehensweise bei der Implementierung von Smart Contracts.

In Ethereum-Foren und in Github Bugreports liest man in Bezug auf Smart Contracts oftmals die Bezeichnung *internal call* und *external call*. Diese Bezeichnung kann leicht fehlinterpretiert werden.

Transaktionen kommen immer von Accounts, unabhängig davon wer dahinter steht. Allerdings werden Accounts demnach unterschieden, ob sie von Menschen bedient werden und somit Endpunkte darstellen, oder von Maschinen betriebene Accounts sind, welche Smart Contracts darstellen.

Ein *internal call* ist somit ein externer Aufruf, der von einem Smart Contract aufgerufen wird und keinen Endpunkt besitzt. Ein *external call* bezeichnet einen Aufruf, der von einem Menschen ausgeht und dort auch seinen Endpunkt aufweist, da eine Transaktion üblicherweise zu Menschen zurückgeführt werden.

5.6.1 Das Ethereum Artefakt

Das Artefakt auf Basis von Ethereum soll über eine Website eine Transaktion an einen Smart Contract absetzen. Die Website soll gleichzeitig einen Event Listener auf eine Funktion des Smart Contracts haben und eine Statusänderung auf der Website hervorrufen, wenn die Funktion durch den Smart Contract aufgerufen wird. Der Smart Contract ruft diese Funktion auf, wenn ein bestimmter Betrag empfangen wurde.

Die zuvor definierten Empfehlungen in Kapitel 5.4.3 setzen voraus, dass Web3(*web3.js*, 2019) und Truffle(*truffle.js*, 2019) verwendet wird um den Smart Contracts zu erstellen. Die Dependencies werden mittels npm geprüft und gegebenenfalls installiert.

Zusätzlich muss ein Ethereum Client installiert werden. Ich habe mich für Geth entschieden und ein lokales Netzwerk geöffnet, da der Contract nur zu Testzwecken ausgeführt wird.

Nachdem sämtliche Dependencies für Truffle und Web3 installiert sind und ein Truffle Projekt mittels *truffle init* initialisiert wurde, kann im Folder contracts die Datei Artefact.sol wie in Codebeispiel 6 angelegt werden.

```
1 pragma solidity ^0.5.0;
2
3 contract Artefact {
4
5     event EventBeingWatched (uint someRandomValue)
6     address[16] owner;
7
8     constructor() public {
9         owner = msg.sender;
10    }
11
12    function callSmartContractFunction(uint somePublicRandomValue) pubic returns
          (uint) {
13        reuqire(msg.sender == owner);
14        EventBeingWatched(somePublicRandomValue);
15        return somePublicRandomValue;
16    }
17 }
```

Quellcode 6: Artefakt des Smart Contracts, Artefact.sol

In Zeile 5 des Quelcode Beispiels 6 ist das zu triggernde Ereignis definiert. Events sind vom Smart Contract losgelöste Funktionen, die der Smart Contract aus beliebigen Funktionen aufrufen kann. Anhand der Ethereum Ontologie wird mittels der Klasse 'Event' ausschließlich ein Log Eintrag in die Ethereum Blockchain geschrieben. Einmal ausgeführt, kann der Eintrag nicht mehr innerhalb des Smart Contracts, sondern nur mehr von außerhalb aufgerufen werden. (*Ethereum Ontology*, 2019) Da man einen Listener auf die Event Funktion legen kann und in Echtzeit mitloggen kann, ob das Event aufgerufen wird, dient diese Funktion ideal als Push Notification.

Das HTML File, womit das Webservice aufgerufen wird ist trivial. Es muss lediglich das app.js File hinterlegt werden und ein Element mit der ID *status* hinzugefügt werden. Die restlichen Dependencies werden über Web3 erfüllt.

Anschließend muss im src Folder das Javascript File erstellt werden.

```
1
2 App = {
3
4    web3Provider: null,
5    contracts: {},
6    status = document.getelementById('status'),
7
8    init: async function() {
9       return await App.initWeb3();
10   },
11   initWeb3: function () {
12      App.web3Provider = web3.eth.accounts;
13      return App.initContract();
14   },
15   initContract: function () {
16      Artefact.new({from: App.web3Provider[0]})
17      .then((contract) =>{
18         watch(contract.EventBeingWatched(), function(response){
19            App.status.innerHTML = 'The␣event␣was␣successfully␣triggered␣with␣
                the␣value␣' + response.args.someRandomValue;
20         });
21      });
22      setTimeout(() => {
23         contract.callSmartContractFunction  (Math.floor(Math.random() * 1000),
              {from: App.web3Provider[0]});
24      }, 3000);
25   })
26   .catch( (err)  => {
27      console.log('some␣error␣occured.');
28   });
29 };
```

Quellcode 7: Javascript File, app.js

Über den Web3Provider werden sämtliche Dependencies zur Schnittstelle erfüllt. Die in Zeile 12 erstellte Verbindung erfolgt ohne Zugangsdaten, da ich zu Testzwecken ein lokales Ethereum Netzwerk eröffnet habe. Die Schnittstelle zu der produktiven Ethereum Blockchain würde hier noch Zugangsdaten und einen Port erfordern.

In Zeile 16 wird die Klasse *Artefact* des Smart Contracts instantiiert. Darüber erhält man auf sämtliche Public Funktions des Smart Contracts Zugriff mithilfe der Funktionen von Web3.

Leider hat sich die JavaScript Funktionalität *obj.watch()* bzw *obj.observe()* bei den gängigen Browsern nicht etablieren können (*caniuse Observe*, 2019) und wurde sogar von Firefox und

Chrome entfernt.(*Chrome Status*, 2019) Ich musste daher auf die Bibliothek Watch.JS zurückgreifen um eine Statusänderung in JavaScript zu monitoren.

Die Funktion $watch()$ auf Zeile 18 erfüllt den Part einer Subscribe Funktion.

Da die Funktionen derart schnell aufgerufen werden, sodass kein Status Unterscheidung ersichtlich ist, habe ich auf Zeile 22 ein Timeout nach drei Sekunden implementiert, um die Statusänderung überhaupt zu erkennen.

5.6.2 Komplexere Einsatzmöglichkeiten

Wie das erstellte Artefakt zeigt, stellen Web3 und Solidity geeignete Werkzeuge dar um ein Webservice an einen Smart Contract anzubinden. Das Artefakt deckt zwei wesentliche Anwendungsfälle ab: Es ruft eine Smart Contract Methode von einem Webservice auf und es fügt einen Listener hinzu um das Webservice mit Daten zu aktualisieren, sobald Veränderungen am Smart Contract vorgenommen werden.

Das Webservice des Artefakts ist als JavaScript Anwendung implementiert und agiert dadurch clientseitig.

Einige Anwendungsfälle können mit dieser Technologie nicht direkt abgebildet werden, sondern benötigen zusätzliche Services um den Funktionsumfang erweitern zu können.

Auch wenn das Artefakt eine rudimentäre Zeitsteuerung implementiert hat, gibt es keine zuverlässige Möglichkeit die Smart Contract Methode zu einem definierten Zeitpunkt mittels Scheduler aufzurufen. Um die Anforderung zu erfüllen, kann ein Node Server installiert werden. Das Artefakt muss dazu auf diesen Node Server portieren werden. Dadurch wird die Möglichkeit geschaffen einen Cronjob auszuführen und die Methode des Smart Contracts kann zu einem bestimmten Zeitpunkt zuverlässig aufgerufen werden.

Ohne serverseitige Funktionalität ist es ebenfalls nicht möglich ein E-Mail abzusenden. Es bedarf eines zusätzlichen Mailservices, das den tatsächlichen Mailversand durchführt.

Das Artefakt ist mit der spezifischen Einschränkung verknüpft, dass ausschließlich Daten verarbeitet werden können, über die der Serviceanbieter eine Datenhoheit hat. Daten wie Fluginformationen oder Wetterdaten werden üblicherweise über APIs aufgerufen und stehen daher nur als externe Informationsquelle zur Verfügung.

Wie in Kapitel 5.5 beschrieben, müssen externe Skript Aufrufe in einem eigens erstellten Relais verarbeitet werden.

Eine clientseitige Skriptsprache, wie im Artefakt verwendet, ist nicht geeignet um ein Relais eines externen API Calls auszuführen.

JavaScript kann trotzdem verwendet werden, allerdings ausschließlich im Kontext eines Node.js Servers. Um zuverlässig als Relais zu fungieren, muss in regelmäßigen Abständen die externe API abgefragt werden.

5.6.3 Ethereum Schnittstellen Conclusion

Wie mit dem Artefakt gezeigt wurde, ist eine Publish Subscribe Funktion mittels Ethereum, Solidity und dem Framework Web3 implementierbar ohne auf einen externen Serviceanbieter zurückgreifen zu müssen.

Die Schnittstellen stellen ausreichend Methoden zur Verfügung um Daten an einen Smart Contract zu senden und Änderungen aus einem Smart Contract auslesen zu können.

Die Solidity Klasse *event* gibt einem die Möglichkeit einen gesendeten Wert zu veröffentlichen um eine Statusänderung mitverfolgen zu können.

Mittels Web3 Schnittstelle und einem beliebigen Ethereum Client ist es möglich eine Verknüpfung zu dem Smart Contract herzustellen. Die Statusänderung des zu überwachenden Events kann mittels Javascript überwacht und dementsprechende Funktionen ausgelöst werden.

Da der Smart Contract von beliebigen Personen aufgerufen und eingesehen werden kann, eignet sich dieses Konstrukt allerdings nicht für personenbezogene Daten. Auch muss hinzugefügt werden, dass für die Ausführung des Smart Contracts Kosten in Form von Gas anfallen.

5.7 Programmierung mit Hyperledger Fabric

Die Ergebnisse der Ethereum Schnittstelle und die durchgeführten Interviews haben mich dazu bewogen einen alternativen Smart Contract auf Basis einer Public Blockchain zu erstellen.

Wie bereits in Kapitel 5.3.2 erwähnt, ist es mit Hyperledger Fabric möglich nicht nur Tokens oder Geldeinheiten auszutauschen. Hyperledger Fabric erlaubt es ein Business Blockchain Netzwerk mit beliebigen Entitäten aufzubauen.

Das Ziel ist es unterschiedliche Bereiche von Unternehmen zusammenarbeiten zu lassen und die anfallenden Daten in einer Blockchain abzuspeichern sowie sensible Daten ausschließlich berechtigten Teilnehmern offenzulegen.

Ein Smart Contract besteht daher nicht nur aus primär monetären Anwendungsfällen. Smart Contracts mittels Fabric können mannigfaltige Anwendungen abdecken. Beispiele von IBM umfassen ein Tieraufzucht-Tracking oder ein Tracking von landwirtschaftlichen Gütern von Landwirtinnen und Landwirten bis zu Konsumentinnen und Konsumenten.

5.7.1 Hyperledger Fabric Artefakt

In Abgrenzung zur Ethereum Schnittstelle aus Kapitel 5.6.1 möchte ich die speziellen Eigenschaften der Permissioned Blockchain hervorheben.

Hier eignet es sich demnach nicht den gleichen Anwendungsfall zu beschreiben, da es keine Veranlassung gibt, das bereits implementierte Artefakt auf eine Permissioned Blockchain zu portieren. Vielmehr muss ein Anwendungsfall gefunden werden, der eine Begründung liefert eine Permissioned Blockhain zu verwenden.

Wie bereits in Kapitel 5.1.2 gezeigt wird, ist die Verarbeitung von vertraulichen Daten ein typischer Anwendungsfall für eine Permissioned Blockchain.

Ich habe daher den Anwendungsfall einer Dokumentenverwaltungssoftware gewählt. Es können bestimmte Texte in die Blockchain gespeichert werden. Diese Daten sind allerdings sämtlichen Teilnehmerinnen und Teilnehmern der Blockchain vorerst verborgen. Erst mittels einer Autorisierung des Besitzers des Textes wird die Ansicht auf den Text gewährt.

5.7.2 Das Modell in Fabric

Das Hyperledger Fabric Framework bezieht seine umfassende Bedeutung aus dem Modell und der dadurch unabhängigen Implementierung von Smart Contracts.

Das Modell wird in einer domänenspezifischen Sprache verfasst und umfasst folgende Klassendefinitionen:

- Asset
- Participant
- Transaction
- Event
- Concept
- Enum (Enumerated Types)

Für das Artefakt, das eine Dokumentenfreigabe darstellt, wurde zuerst ein Datenmodell erstellt. Für dieses Datenmodell muss im Ordner */models* die Datei *document.cto* angelegt werden, die im Codebeispiel 8 ersichtlich ist.

```

namespace org.fhederdos.documentversioning.document

asset Document identified by documentId {
    o String documentId
    --> Person owner
    o Boolean shared optional
    o Person[] authorized optional
    o Integer versionCount
}

participant Person identified by email {
    o String email
    o String firstName
    o String lastName
    o DateTime dob optional
```

```
17    o personalData personalData optional
18 }
19
20 abstract transaction PersonTransaction {
21    o String personId
22 }
23
24 transaction AuthorizeAccess extends PersonTransaction {
25 }
26
27 transaction RevokeAccess extends PersonTransaction {
28 }
29
30 transaction Version {
31    --> Document document
32    o String versionId
33    o String text
34    o DateTime dob optional
35 }
36
37 event PersonEvent {
38    o PersonTransaction personTransaction
39 }
40
41 concept personalData {
42    o String street
43    o String city
44    o String county
45    o String country
46    o String zip
47 }
```

Quellcode 8: Datenmodell hyperledger Composer

Wie in Zeile 2 des Codebeispiels 8 zu sehen ist, muss zuerst ein Namespace geschaffen werden. Wenn mehrere Modelle verwendet werden, erhält dadurch jedes Modell seinen eindeutigen Identifier. Der Namespace-Pfad gibt auch eine Beschreibung des gesamten Projekts an. In dem Fall des Artefakts setzt sich der Namespace aus meinem Github User (fhederdos), der Projektbezeichnung (documentversioning) und dem Smart Contract Dateinamen (document) zusammen.

Asset

Ein Asset kann ein beliebiges Element sein, das zwischen Teilnehmerinnen und Teilnehmern ausgetauscht werden kann. Ein Asset ist daher ein beliebiger Gegenstand der Werte und einen Status annimmt, wie zum Beispiel:

- ein Boot

- ein Haus
- eine Kiste Bananen
- ein Bündel Wertpapiere
- ein Dokument
- eine Version eines Dokuments

Die letzten beiden Beispiele stellen Daten aus dem Artefakt dar. Hier ist zu beachten, dass die Version eines Dokuments als Asset definiert werden kann. In dem konkreten Fall des erstellten Artefakts ist es allerdings sinnvoller die Version als Transaktion zu definieren. Dies ist eine Designentscheidung des Datenmodells und keine Einschränkung der Klasse Asset.

Wie im Quellcode Beispiel 8 auf Zeile 4 zu sehen ist, beinhaltet das Asset 'Document' mehrere Elemente aus denen es zusammengesetzt wird.

Das vorangestellte Aufzählungszeichen o vor jedem Element bezeichnet ein reguläres Subelement. Der Pfeil –> auf Zeile 6 stellt eine Relation zu einer anderen Klasse dar. In diesem Fall ist es eine Personenklasse, in der die Besitzerin oder der Besitzer des Textes $owner$ eingetragen ist. Wie auf Zeile 31 zu sehen ist, wird eine Relation auf das Dokument von der Transaktion Version referenziert.

Zeile 8 des Modells beschreibt ein Array. Einem Dokument können daher mehrere Personen zugeordnet werden, die eine Zugriffsberechtigung zu den gespeicherten Versionen erhalten.

Participants und Access Control

Der Vorteil einer Permissioned Blockchain gegenüber eine Public Blockchain ist die Möglichkeit Teilnehmerinnenberechtigungen einzuschränken. Sensible Daten werden dadurch nur berechtigten Personen gezeigt. Hier kann sowohl die Schreib- als auch die Leseberechtigung konfiguriert werden. Diese Konfiguration muss nicht statisch gewährt werden, sondern kann im laufenden Betrieb anhand von Bedingungen angepasst werden, wie das Artefakt dieser Arbeit zeigt.

Um Teilnehmerinnenbeschränkungen durchführen zu können, müssen im Modell Participants Teilnehmerinnen und Teilnehmer des Netzwerks definiert sein. Teilnehmerinnen und Teilnehmer müssen nicht zwangsläufig Personen sein, sondern können im IoT Bereich auch Sensoren sein, welche die Blockchain manipulieren. Das können zum Beispiel GPS Tracker sein, die zu bestimmten Zeiten eine Position eines Pakets orten, oder auch Temperatursensoren welche Alarm melden, wenn eine gewisse Temperatur über- oder unterschritten wird. In unserem Fall bestehen *Participants* klassisch aus Personen die Dokumente anfertigen, diese versionieren und anderen Personen mittels Access Control freigeben.

Die Permissions sind granular steuerbar über ein permissions.acl File. Diese Permissions werden in einem Konfigurationsfile übersichtlich dargestellt. Das Codebeispiel 9 veranschaulicht, dass jede Person die Funktion *AuthroizeAccessTransaction* aufrufen darf und somit das persönliche Dokument jemand anderem zur Verfügung stellen darf und somit teilweise veröffentlicht.

Auf Zeile 9 wird ein Regelfall dargestellt, die einen reglementierten Access beschreibt. Personen dürfen ausschließlich auf das Dokument zugreifen, wenn sie dafür autorisiert sind.

```
1 rule AuthorizeAccessTransaction {
2     description: "Allow␣all␣participants␣to␣submit␣AuthorizeAccess␣transactions"
3     participant: "ANY"
4     operation: CREATE
5     resource: "org.fhederdos.documentversioning.document.AuthorizeAccess"
6     action: ALLOW
7 }
8
9 rule ForeignDocumentConditionalAccess {
10    description: "Allow␣participants␣access␣to␣Documents␣only␣if␣granted"
11    participant(p): "org.fhederdos.documentversioning.document.Person"
12    operation: ALL
13    resource(r): "org.fhederdos.documentversioning.document.Document"
14    condition: (r.authorized && r.authorized.indexOf(p.getIdentifier()) > -1)
15    action: ALLOW
16 }
```

Quellcode 9: Ausschnitt aus dem logic.js File

Transactions

Eine 'Transaction' ist eine Methode die ein Asset der Blockchain manipuliert. Jede Manipulation der Blockchain ist somit eine 'Transaction'. In dem Fall des Artefakts werden Transactions für das Erstellen eines neuen Dokuments und dem Hinzufügen einer neuen Version verwendet. Außerdem ist die Steuerung zum hinzufügen von Personen zu dem Dokument über eine Transaction gesteuert.

Zu beachten ist, dass sämtliche Transactions in einem *logic.js* File des Ordners *lib* definiert und ausprogrammiert werden müssen. Im Codebeispiel 10 ist die Programmierung der Transaction *authorizeAction*() zu sehen.

```
/**
* A Person grants access to their document to another Person.
* @param {org.fhederdos.documentversioning.document.AuthorizeAccess}
* @transaction
*/
async function authorizeAccess(authorize) {

    const myDocument = getCurrentDocument();
```

```

if(!myDocument) {
    throw new Error('A␣document␣mapping␣does␣not␣exist.');
}
let index = -1;

if(!myDocument.authorized) {
    myDocument.authorized = [];
}
else {
    index = myDocument.authorized.indexOf(authorize.personId);
}

if(index < 0) {
    myDocument.authorized.push(authorize.personId);

    // emit an event
    const event =
        getFactory().newEvent('org.fhederdos.documentversioning.document',
        'PersonEvent');
    event.personTransaction = authorize;
    emit(event);
...
```

Quellcode 10: Ausschnitt aus dem logic.js File

5.7.3 Schnittstellen mit Hyperledger Fabric

Der externe Zugriff auf den Smart Contract erfolgt ähnlich zu dem Verfahren in der Public Blockchain, beschrieben in Kapitel 5.6.1. Jedes Statusupdate von Assets ist ausschließlich ein internes Ereignis innerhalb der Blockchain und ist im Gegensatz zu einer Public Blockchain nicht öffentlich einsehbar. Um Ereignisse an Stellen außerhalb der Blockchain zu reporten müssen Events definiert werden.

Bei der Permissioned Blockchain Hyperledger Fabric wird die Klasse 'Event' im Domänenmodell erstellt und dient zur Steuerung Kommunikation eines Ereignisses nach außen.

Ein Event wird im Modell in Codebeispiel 8 auf Zeile 37 dargestellt. Die Klasse *PersonEvent* ist somit ein Publisher der die Änderungen der Transaction *PersonTransaction* veröffentlicht. Die Transaction *PersonTransaction* ist eine abstrakte Klasse und wird durch die Klassen *AuthorizeAccess* und *RevokeAccess* erweitert. Das führt dazu, dass sobald eine Authorisierungsänderung stattfindet, das Event aufgerufen wird, welches die Statusänderung veröffentlicht.

Mit dieser Statusänderung können dann beliebige Änderungen vorgenommen werden. Denkbar ist auch ein E-Mail an den jeweiligen User, der eine Berechtigungsfreigabe zu einem Dokument erhalten hat.

Mithilfe dieser Methode ist es somit einfach ein simples Publish/Subscribe Verfahren zu implementieren.

6 Zusammenfassung und Ausblick

Die Ergebnisse der Arbeit können anhand der gestellten Fragestellungen zusammengefasst werden:

Welche Blockchain Technologie eignet sich optimal als Basis für Smart Contracts als Web Service?

Die Frage nach der idealen Blockchain Technologie kann bereits zu Beginn der Arbeit anhand der Literaturrecherche in Kapitel 3.2 beantwortet werden. Es ist je nach Anwendungsfall abzuwägen welcher Blockchain Technologie der Vorzug zu geben ist.

Um Entscheidungsträgerinnen und Entscheidungsträgern die Entscheidungsfindung zurkünftig zu erleichtern, habe ich anhand ausgewählter Quellen einen How-To Leitfaden erstellt. Ein daraus resultierendes Flow Chart, zu sehen in Abbildung 5 auf Seite 34, zeigt die relevanten Fragestellungen auf einen Blick und führt rasch zu einer optimalen Entscheidung.

Welche Einschränkungen gibt es bei der Nutzung von Smart Contracts und im Speziellen bei der Anbindung eines externen Services an ein Smart Contract Service?

Die Arbeit hat durchgehend gezeigt, dass hauptsächlich die zugrunde liegende Blockchain Technologie für Limitierungen von Smart Contracts verantwortlich ist. Die Unterscheidung zwischen Permissioned- oder Public Blockchain hat entscheidende Implikationen auf Einschränkungen von Smart Contracts. Dies ist vor allem auf die kompromisslose Veröffentlichung sämtlicher Daten der Public Blockchain zurückzuführen. Außerdem konnte gezeigt werden, dass das Skalierungsproblemen auf das PoW Konsensverfahrens zurückzuführen ist.

Wie das Kapitel 5.3.1 zeigt, haben die verschiedenen domänenspezifische Programmiersprachen ihre jeweils spezifischen Stärken und Schwächen.

Die Arbeit zeigt anhand des erstellten Ethereum Artefakts aus Kapitel 5.6.1, dass mit den geeigneten Hilfsmitteln eine Anbindung zu einem Webservice über ein 'publish and subscribe' Verfahren implementierbar ist. Außerdem zeigt das Artefakts in Kapitel 5.7.1, dass die durch die Public Blockchain induzierten Einschränkungen, mithilfe einer Permissiond Blockchain vermieden werden können.

Dadurch, dass eine Blockchain ein deterministisches System ist, gelten spezielle Bedingungen für externe Services, insbesondere für Anbindungen von externen APIs. Diese werden in Kapitel 5.6.2 genauer definiert. Je nach Applikation muss entschieden werden, welcher Implementierung der Vorzug zu geben ist.

Weshalb verwenden Start-up GründerInnen Smart Contracts und spielen Web-Services in deren Anwendungsfällen eine zentrale Rolle?

Für die Beantwortung der Frage wurde eine Literaturrecherche und Experteninterviews durchgeführt. Für die qualitativen Interviews wurden drei Start-up Unternehmer herangezogen.

Es konnte gezeigt werden, dass die Smart Contracts Anwendungen von österreichischen Start-up Gründerinnen und Gründern äußerst vielfältig ist. Die Bandbreite erstreckt sich von Legal Tech Anwendungen über Vermietungsdienste zur eindeutigen Versionierung und Dokumentation von Inhalten.

Die Interviews und die Literaturrecherche haben ergeben, dass die wesentlichen Punkte für den Einsatz von Smart Contracts die Vereinfachung des Kernservices ist. Zusätzlich ist der Aspekt der Sicherheit ein wesentlicher Faktor für die Verwendung einer Blockchain in einer Anwendung.

Alle interviewten Unternehmer haben eine Webservice Schnittstelle implementiert, um ihre Daten verwaltbar und zugreifbar zu machen. Die Steuerung eines Smart Contracts über eine Webbasiertes System wird von österreichischen Startup Gründerinnen und Gründern als Selbstverständlichkeit gesehen.

Wie ist ein Smart Contract Service mit externen Daten Input und Output implementierbar?

Im Kapitel 5.5 wird gezeigt auf welche Art und Weise Oracles zur Steuerung von Smart Contracts erstellt werden und wie externe Daten Smart Contracts zur Verfügung gestellt werden. Die sicherheitstechnischen Einschränkungen und Hürden werden aufgezeigt und eine Lösungsstrategie mittels konsensbasierten Oracles wird vorgestellt.

Das Ethereum Artefakt aus Kapitel 5.6.1 gibt eine klare Anleitung wie mittels eines simplen Publish/Subscribe Verfahrens ein Daten Input und Output an einen Smart Contract erfolgt. Hierfür sind die Frameworks Web3 (*web3.js*, 2019) und Truffle (*truffle.js*, 2019) wichtige Werkzeuge.

Das Artefakt auf Basis der Permissiond Blockchain Hyperledger Fabric, welches in Kapitel 5.7.1 vorgestellt wird, zeigt die Möglichkeit Smart Contracts mittels Modellen zu erstellen. Diese Technik erlaubt es die spezielle Klasse 'event' zu nutzen um Daten nach außen zu senden. Mithilfe dieser Technik ist es, ähnlich zu einer Public Blockchain, mit einfachen Schritten möglich ein Publish/Subscribe Verfahren zu implementieren.

6.1 Offene Forschungsgebiete

Der Ausgangspunkt dieser Arbeit war die Frage nach Smart Contracts und deren Anbindung an Webservices. Im Zuge der Erstellung eines Artefakts zur Anbindung eines Smart Contracts an ein Webservice wurde die Frage geklärt welche Art von Blockchain eingesetzt werden kann.

Mittels eines How-To Leitfadens aus Kapitel 5.2 wurde ein Flowchart erstellt, um die Entscheidungsfindung zur passenden Technologie zu erleichtern.

Dieser Ausgangspunkt setzt bereits die Entscheidung für ein verteiltes System voraus, was nicht immer gegeben sein muss. Ein umfassender How-To Leitfaden für die optimale Architektur zur Datenerfassung ist ein guter Ansatzpunkt für eine weitere Forschungsarbeit. Insbesondere der Fokus auf Verteilte Systeme, Cloud-Services und damit im engen Zusammenhang stehenden Micro-Services wären eine wichtige Hilfestellung für zukünftige Technologieentscheidungen.

Zusätzlich kann dieser Leitfaden zur besseren Usability als Webservice programmiert werden, sodass ein einfacher Zugriff bei anstehenden Entscheidungen zur Verfügung steht.

In der Arbeit wurden Webservice Anbindungen zu der Blockchain Ethereum auf Basis von plain JavaScript vorgestellt. Auch die Anbindung an Hyperledger Fabric wurde mit plain JavaScript erstellt. Da alle gängigen Web Browser die Funktion $obj.observe()$ und $obj.watch()$ fallen gelassen haben, ist eine Analyse über die optimalen oberserver und watcher in JavaScript ausstehend.

Die derzeitigen Ansätze, wie der von mir gewählte Weg, erzeugen eine Schleife an Abfragen zu dem veränderlichen Objekt. Dieses Vorgehen ist somit nicht real-time tauglich. Eine real-time obeserver Funktion in JavaScript ist notwendig und stellt eine geeignete Herausforderung für eine weitere wissenschaftliche Untersuchung dar.

Die zwei erstellten Artefakte werden derzeit nicht produktiv eingesetzt und dienen nur der Veranschaulichung. Es kann derzeit lediglich experimentell bestätigt werden, dass die Artefakte für die genannten Einsatzgebiete tauglich sind. Es bedarf somit eines produktiven Roll-Outs des Artefakts und einer anschließenden Case Study um die Funktionalität in einem Parxis-Test zu bestätigen.

Die Frage nach den Gründen für den Einsatz von Smart Contracts bei österreichischen Start-Up Gründerinnen und Gründern konnte beantwortet werden. Außerdem hat die Arbeit ergeben, dass die Anwendungsfälle eine entscheidende Auswirkung auf die einzusetzende Technologie haben.

Es gibt in der momentan verfügbaren und aktuellen Literatur keine statistischen Erhebungen von eingesetzten Smart Contract Anwendungen. Das Forschungsdesign dieser Arbeit kann keinen Trend von eingesetzten Anwendungen quantifizieren. Es bedarf daher einer statistischen Analyse, welche Anwendung mittels Smart Contract von österreichischen Start Ups eingesetzt werden.

6.2 Fazit der Arbeit

Die Arbeit zeigt, dass es mit wenigen Schritten möglich ist einen Smart Contract zu erstellen. Außerdem kann gezeigt werden, dass mithilfe der geeigneten Werkzeuge, eine Anbindung an ein Webservice mittels publish-subscribe Verfahren implementierbar ist.

Die beiden erstellten Artefakte für die Public- und Permissioned Blockchain dienen als Leitfaden für zukünftige Projekte und stehen auf Github zur Verfügung. (*Github Fhederdos*, 2019)

Der How-To Leitfaden zur Auswahl der geeigneten Blockchain ist ein geeignetes Hilfsmittel um solide Technologieentscheidungen zu fällen. Das Flow Chart ist ebenfalls auf Github veröffentlicht, um weiteren Personen einen Leitfaden in Technologiefragen zu bieten. (*Github Fhederdos*, 2019)

Literaturverzeichnis

Androulaki, E., Barger, A., Bortnikov, V., Cachin, C., Christidis, K., De Caro, A., Enyeart, D., Ferris, C., Laventman, G., Manevich, Y. et al., 2018. Hyperledger fabric: a distributed operating system for permissioned blockchains. In: *Proceedings of the Thirteenth EuroSys Conference*, S.30.

Antonopoulos, A. M., 2014. *Mastering Bitcoin: unlocking digital cryptocurrencies*: Ö'Reilly Media, Inc.".

Araoz, M, 2019. *Serpent Compiler Audit.* Verfügbar unter: <https://docs.google.com/document/d/1_PqXuAkvgUAOG3jbBvaUvqN6W90eJ3N4IdTLNMRAijo/edit#heading=h.hiz08c9sstwl> [Zugang am 1.2.2019].

Atzei, N., Bartoletti, M. & Cimoli, T., 2017. A survey of attacks on ethereum smart contracts (sok). In: *International Conference on Principles of Security and Trust*, S.164–186.

Bach, L., Mihaljevic, B. & Zagar, M., 2018. Comparative analysis of blockchain consensus algorithms. In: *2018 41st International Convention on Information and Communication Technology, Electronics and Microelectronics (MIPRO)*, S.1545–1550.

Bachlechner, D., Siorpaes, K., Fensel, D. & Toma, I., 2006. Web service discovery-a reality check. In: *3rd European Semantic Web Conference.*

Banasik, W., Dziembowski, S. & Malinowski, D., 2016. Efficient zero-knowledge contingent payments in cryptocurrencies without scripts. In: *European Symposium on Research in Computer Security*, S.261–280.

Bartoletti, M. & Pompianu, L., 2017. An empirical analysis of smart contracts: platforms, applications, and design patterns. In: *International Conference on Financial Cryptography and Data Security*, S.494–509.

Beck, R., Czepluch, J. S., Lollike, N. & Malone, S., 2016. Blockchain-the gateway to trust-free cryptographic transactions.. In: *ECIS*, S.ResearchPaper153.

Berentsen, A., 2017. *Bitcoin, Blockchain und Kryptoassets*: BoD-Books on Demand.

Bhargavan, K., Delignat-Lavaud, A., Fournet, C., Gollamudi, A., Gonthier, G., Kobeissi, N., Kulatova, N., Rastogi, A., Sibut-Pinote, T., Swamy, N. et al., 2016. Formal verification of smart contracts: Short paper. In: *Proceedings of the 2016 ACM Workshop on Programming Languages and Analysis for Security*, S.91–96.

Bigi, G., Bracciali, A., Meacci, G. & Tuosto, E., 2015. *Validation of decentralised smart contracts through game theory and formal methods*: Springer.

Böhme, R., Christin, N., Edelman, B. & Moore, T., 2015. Bitcoin: Economics, technology, and governance. *Journal of Economic Perspectives*, 29(2), S.213–38.

Brüsemeister, T., 2008. *Qualitative Forschung: Ein Überblick*: Springer.

Buterin, V., 2015. *Buterin LLL*. Verfügbar unter: <https://ethereum.stackexchange.com/questions/348/is-lll-still-used-as-language/362#362> [Zugang am 1.2.2019].

Buterin, V., 2019. *Youtube: Technologies That Will Decentralize the World*. Verfügbar unter: <https:www.youtube.com/watch?v=er-k3ehpFaM&feature=share> [Zugang am 1.2.2019].

Buterin, V. et al., 2014. A next-generation smart contract and decentralized application platform. *white paper*, .

caniuse Observe, 2019. Verfügbar unter: <https://caniuse.com/#feat=object-observe> [Zugang am 1.1.2019].

Charron-Bost, B., Pedone, F. & Schiper, A., 2010. Replication. *LNCS*, 5959, S.19–40.

Chen, X. & Zhang, K., 2017. Extending blockchain functionality with statechain. In: *Parallel and Distributed Systems (ICPADS), 2017 IEEE 23rd International Conference on*, S.240–247.

Chertoff, M. & Simon, T., 2015. The impact of the dark web on internet governance and cyber security. , .

Christidis, K. & Devetsikiotis, M., 2016. Blockchains and smart contracts for the internet of things. *Ieee Access*, 4, S.2292–2303.

Chrome Status, 2019. Verfügbar unter: <https://www.chromestatus.com/feature/6147094632988672> [Zugang am 1.1.2019].

Chuen, D. L. K., 2015. *Handbook of digital currency: Bitcoin, innovation, financial instruments, and big data*: Academic Press.

Conoscenti, M., Vetro, A. & De Martin, J. C., 2016. Blockchain for the internet of things: A systematic literature review. In: *2016 IEEE/ACS 13th International Conference of Computer Systems and Applications (AICCSA)*, S.1–6.

Counterparty Io, 2019. Verfügbar unter: <https://counterparty.io/docs/faq-smartcontracts/#can-smart-contracts-work-with-bitcoin> [Zugang am 1.1.2019].

Dannen, C., 2017. *Introducing Ethereum and Solidity*: Springer.

De Vries, A., 2018. Bitcoin's growing energy problem. *Joule*, 2(5), S.801–805.

Delmolino, K., Arnett, M., Kosba, A., Miller, A. & Shi, E., 2016. Step by step towards creating a safe smart contract: Lessons and insights from a cryptocurrency lab. In: *International Conference on Financial Cryptography and Data Security*, S.79–94.

Dorri, A., Kanhere, S. S., Jurdak, R. & Gauravaram, P., 2017. Blockchain for iot security and privacy: The case study of a smart home. In: *2017 IEEE international conference on pervasive computing and communications workshops (PerCom workshops)*, S.618–623.

Douceur, J. R., 2002. The sybil attack. In: *International workshop on peer-to-peer systems*, S.251–260.

Ethereum Ontology, 2019. Verfügbar unter: <https://ethon.consensys.net/Contracts/class-event.html> [Zugang am 1.1.2019].

EthMiner, 2019. *Github - Ethminder*. Verfügbar unter: <https://github.com/ethereum-mining/ethminer> [Zugang am 1.5.2019].

Gatteschi, V., Lamberti, F., Demartini, C., Pranteda, C. & Santamaría, V., 2018. Blockchain and smart contracts for insurance: Is the technology mature enough?. *Future Internet*, 10(2), S.20.

Github Vyper, 2019. *ethereum/vyper: Pythonic Smart Contract Language for the EVM*. Verfügbar unter: <https://github.com/ethereum/vyper> [Zugang am 1.2.2019].

Github Fhederdos, 2019. Verfügbar unter: <https://github.com/fhederdos?tab=repositories> [Zugang am 1.1.2019].

Greenspan, G., 2015. Avoiding the pointless blockchain project. *MultiChain*, .

Guerraoui, R., Knežević, N., Quéma, V. & Vukolić, M., 2010. The next 700 bft protocols. In: *Proceedings of the 5th European conference on Computer systems*, S.363–376.

Haber, S. & Stornetta, W. S., 1990. How to time-stamp a digital document. In: *Conference on the Theory and Application of Cryptography*, S.437–455.

Hecht, R. & Jablonski, S., 2011. Nosql evaluation: A use case oriented survey. In: *2011 International Conference on Cloud and Service Computing*, S.336–341.

Hofsäss, F., 2018. Herausforderungen und potentiale der blockchain-technologie dargestellt am beispiel von smart-contracts. , .

Jayasinghe, D., Malkowski, S., Wang, Q., Li, J., Xiong, P. & Pu, C., 2011. Variations in performance and scalability when migrating n-tier applications to different clouds. In: *2011 IEEE 4th International Conference on Cloud Computing*, S.73–80.

Juels, A., Kosba, A. & Shi, E., 2016. The ring of gyges: Investigating the future of criminal smart contracts. In: *Proceedings of the 2016 ACM SIGSAC Conference on Computer and Communications Security*, S.283–295.

Komninos, N., Philippou, E. & Pitsillides, A., 2014. Survey in smart grid and smart home security: Issues, challenges and countermeasures. *IEEE Communications Surveys & Tutorials*, 16(4), S.1933–1954.

Kosba, A., Miller, A., Shi, E., Wen, Z. & Papamanthou, C., 2016. Hawk: The blockchain model of cryptography and privacy-preserving smart contracts. In: *2016 IEEE symposium on security and privacy (SP)*, S.839–858.

Kwon, J., 2014. Tendermint: Consensus without mining. *Draft v. 0.6, fall*, .

Lamport, L., Shostak, R. & Pease, M., 1982. The byzantine generals problem. *ACM Transactions on Programming Languages and Systems (TOPLAS)*, 4(3), S.382–401.

Lewenberg, Y., Sompolinsky, Y. & Zohar, A., 2015. Inclusive block chain protocols. In: *International Conference on Financial Cryptography and Data Security*, S.528–547.

Luu, L., Chu, D.-H., Olickel, H., Saxena, P. & Hobor, A., 2016. Making smart contracts smarter. In: *Proceedings of the 2016 ACM SIGSAC Conference on Computer and Communications Security*, S.254–269.

Luu, L., Teutsch, J., Kulkarni, R. & Saxena, P., 2015. Demystifying incentives in the consensus computer. In: *Proceedings of the 22nd ACM SIGSAC Conference on Computer and Communications Security*, S.706–719.

Massessi, D., 2019. *Public Vs Private Blockchain In A Nutshell.* Verfügbar unter: <https://medium.com/coinmonks/public-vs-private-blockchain-in-a-nutshell-c9fe284fa39f> [Zugang am 1.2.2019].

Mavridou, A. & Laszka, A., 2017. Designing secure ethereum smart contracts: A finite state machine based approach. *arXiv preprint arXiv:1711.09327*, .

Mayring, P., 2003. *Qualitative Inhaltsanalyse. Grundlagen und Techniken. 8. Auflage. Beltz*: Weinheim.

Meiklejohn, S., Pomarole, M., Jordan, G., Levchenko, K., McCoy, D., Voelker, G. M. & Savage, S., 2013. A fistful of bitcoins: characterizing payments among men with no names. In: *Proceedings of the 2013 conference on Internet measurement conference*, S.127–140.

Nakamoto, S., 2008. Bitcoin: A peer-to-peer electronic cash system. , .

Narayanan, A. & Shmatikov, V., 2008. Robust de-anonymization of large sparse datasets. In: *2008 ieee symposium on security and privacy*, S.111–125.

Narayanan, A., Bonneau, J., Felten, E., Miller, A. & Goldfeder, S., 2016. *Bitcoin and cryptocurrency technologies: a comprehensive introduction*: Princeton University Press.

O'Dwyer, K. J. & Malone, D., 2014. Bitcoin mining and its energy footprint. , .

Oraclize, 2019. *Oraclize - blockchain oracle service, enabling data-rich smart contracts.* Verfügbar unter: <http://www.oraclize.it/> [Zugang am 1.2.2019].

Pilkington, M., 2016. 11 blockchain technology: principles and applications. *Research handbook on digital transformations*, 225.

Privacy-Preserving Blockchain and Smart Contracts, 2019. Verfügbar unter: <http://oblivm.com/hawk/download.html> [Zugang am 1.1.2019].

Reid, F. & Harrigan, M., 2013. *An analysis of anonymity in the bitcoin system*: Springer.

Ron, D. & Shamir, A., 2013. Quantitative analysis of the full bitcoin transaction graph. In: *International Conference on Financial Cryptography and Data Security*, S.6–24.

Scherer, M., 2017. *Performance and scalability of blockchain networks and smart contracts.*

Schirone, L. & Pellitteri, F., 2017. Energy policies and sustainable management of energy sources. *Sustainability*, 9(12), S.2321.

Serpent, 2019. *Github - Serpent.* Verfügbar unter: <https://github.com/ethereum/wiki/wiki/Serpent-%5BDEPRECATED%5D#storage-data-structures> [Zugang am 1.5.2019].

Statista, 2019. *Bitcoin blockchain size 2010-2019 - Statistic.* [Website] . Verfügbar unter: <https://www.statista.com/statistics/647523/worldwide-bitcoin-blockchain-size/> [Zugang am 1.2.2019].

Szabo, N., 1997. Formalizing and securing relationships on public networks. *First Monday*, 2(9).

town-crier.org, 2019. *Town Crier - Getting Startet.* Verfügbar unter: <http://www.town-crier.org/get-started.html> [Zugang am 1.3.2019].

Treleaven, P., Brown, R. G. & Yang, D., 2017. Blockchain technology in finance. *Computer*, 50(9), S.14–17.

truffle.js, 2019. Verfügbar unter: <https://github.com/trufflesuite/truffle> [Zugang am 1.1.2019].

Tschorsch, F. & Scheuermann, B., 2016. Bitcoin and beyond: A technical survey on decentralized digital currencies. *IEEE Communications Surveys & Tutorials*, 18(3), S.2084–2123.

Tual, S., 2019. *Mutan FAQ.* Verfügbar unter: <https://forum.ethereum.org/discussion/922/mutan-faq> [Zugang am 1.2.2019].

Valenta, M. & Sandner, P., 2017. *Comparison of Ethereum, Hyperledger Fabric and Corda*: Frankfurt School Blockchain Center.

Vitalik Buterin, 2019. Verfügbar unter: <https://www.brainyquote.com/quotes/vitalik_buterin_847200> [Zugang am 1.3.2019].

Voshmgir, S., 2016. *Blockchains, Smart Contracts und das Dezentrale Web*: Berlin: Technologiestiftung Berlin.

Vukolić, M., 2015. The quest for scalable blockchain fabric: Proof-of-work vs. bft replication. In: *International Workshop on Open Problems in Network Security*, S.112–125.

web3.js, 2019. Verfügbar unter: <https://www.npmjs.com/package/web3> [Zugang am 1.1.2019].

Wood, G. et al., 2014. Ethereum: A secure decentralised generalised transaction ledger. *Ethereum project yellow paper*, 151, S.1–32.

Yli-Huumo, J., Ko, D., Choi, S., Park, S. & Smolander, K., 2016. Where is current research on blockchain technology?—a systematic review. *PloS one*, 11(10), S.e0163477.

Zhang, F., Cecchetti, E., Croman, K., Juels, A. & Shi, E., 2016. Town crier: An authenticated data feed for smart contracts. In: *Proceedings of the 2016 aCM sIGSAC conference on computer and communications security*, S.270–282.

Zheng, Z., Xie, S., Dai, H.-N., Chen, X. & Wang, H., 2018. Blockchain challenges and opportunities: A survey. *International Journal of Web and Grid Services*, 14(4), S.352–375.

Abbildungsverzeichnis

Tabellenverzeichnis

Quellcodeverzeichnis

Abkürzungsverzeichnis

BTC Bitcoin - Währungseinheit von Bitcoin

BFT Byzantine fault-tolerant state-machine replication protocol - Ein Konsensmechanismus

DAO Decentralized Autonomous Organization - Dezentrale Autonome Organisation

DSGVO Datenschutzgrundverordnung

ETH Ether - Währungseinheit von Ethereum

EVM Ethereum Virtual Machine

GW Gigawatt, $1GW = 1 * 10^9 Watt$

ICO Initial Coin Offering - Emmitieren einer neuen Kryptowährung

KYC Know Your Customer - Legitimationsprüfung im öffentlichen und halböffentlichen Bereich

PoW proof-of-work - Ein Konsensverfahren

USD US-Dollar

Wei Wei - Kleinste Währungseinheit der Kryptowährung Ethereum, $1Wei = 1 * 10^{-18} ETH$

A Interviewleitfaden

Forschungsfrage:

Wofür verwenden Start-up GründerInnen Smart Contracts und spielen externe Services in diesen Anwendungsfällen eine zentrale Rolle?

Einstieg:

Begrüßung und Dank für die Zeit
Kurzer Umriss des Themas
Kurze Beschreibung des Interviewablaufs und der ungefähren Dauer
Datenschutzvereinbarung

Einstiegsfragen:

Bitte beschreiben Sie Ihr derzeitiges Projekt?
Was ist Ihre Rolle in diesem Projekt?
Bitte beschreiben Sie die Reife (Maturity Level) des Projekts?

Schlüsselfragen:

Frage 1: In welchem Anwendungsbereich werden Smart Contracts in Ihrem Projekt eingesetzt?
Rückfragen:
Ist die Anbindung zum Smart Contract ein Kern Feature Ihrer Anwendung oder ein Add On?
Setzen Sie die Smart Contract Anwendung von Beginn an ein?

Frage 2: Auf welche Blockchain Technologie setzt Ihre Anwendung auf?
Rückfragen:
was waren die Gründe auf diese spezielle (public/private) Blockchain zu verwenden?
Haben Sie ein ICO gestartet?

Frage 3: Ist Ihre Anwendung im Kernbereich ein Web Service bzw. kann mittels Web Service Schnittstelle auf Ihre Anwendung zugegriffen werden?
Rückfragen:
Verwenden Sie noch weitere Services (zB. externe Services) im Zusammenhang mit Ihrer Smart Contract Anwendung?

Frage 4: Können Sie die Schnittstelle zu Ihrer Smart Contract Anbindung beschreiben (zB. Oracle, API)?
Rückfragen:
Was waren Ihre Beweggründe diese Art der Schnittstelle zu verwenden?

Frage 5: Können Sie den Mehrwert spezifizieren die Ihre Anwendung durch den Einsatz von Smart Contracts lukriert?

Rückblick

Kurze Zusammenfassung des Gesagten
Danke für die Zeit
Ausblick
Information über Auswertung der Ergebnisse
Verabschiedung

FSC
www.fsc.org
MIX
Papier | Fördert
gute Waldnutzung
FSC® C083411

Kolibri 360 GmbH
Ferdinand-Jühlke-Straße 7
99095 Erfurt, Deutschland
produktsicherheit@kolibri360.de

Druck:
CPI Druckdienstleistungen GmbH
im Auftrag der
Kolibri 360 GmbH
Ferdinand-Jühlke-Str. 7
99095 Erfurt